本书初版曾入选 普通高等教育"十一五"国家级规划教材
"十二五"江苏省高等学校重点教材

にほんご
日语泛读

总主编　成春有　张胜芳

2

主　编　成玉峰
副主编　张永亮　雷　芳　王　芸
参　编　周樱格　于浩淼　张明晶　周　萌

内 容 简 介

本套教材初版曾入选普通高等教育"十一五"国家级规划教材,此次改版后又荣获"十二五"江苏省高等学校重点教材、"十二五"江苏省精品教材等荣誉。本书共有16课内容,每一课均由数篇主读课文、单词解析、译文注释、课后练习以及阅读技巧等部分组成,所选内容涵盖日本的人文常识、礼仪文化、经济形势、科技知识等各个方面。每一课的最后还增设了日本语言文化栏目,旨在通过浅显的语言与事例介绍日本的语言文化,加深学生对日本语言文化风俗的理解,从而全面提高学生的日语阅读理解能力。本书可供日语专业二年级学生或与其相当水平的自学者使用,可助其达到日语专业四级考试阅读理解水平。书中对2004年以来的日语专业四级考试部分题型进行整理分析,研究考试的出题动向和答题技巧,因此也可作为日语专业四级考试的考前辅导教材。

图书在版编目(CIP)数据

日语泛读.2/成春有,张胜芳总主编;成玉峰主编.—2版.—合肥:中国科学技术大学出版社,2016.6(2022.2重印)
ISBN 978-7-312-03952-2

Ⅰ.日… Ⅱ.①成… ②张… ③成… Ⅲ.日语—阅读教学—高等学校—教材 Ⅳ.H369.4

中国版本图书馆 CIP 数据核字(2016)第 160664 号

出版	中国科学技术大学出版社 安徽省合肥市金寨路96号,230026 http://press.ustc.edu.cn
印刷	安徽国文彩印有限公司
发行	中国科学技术大学出版社
经销	全国新华书店
开本	787mm×1092mm 1/16
印张	15
字数	311 千
版次	2010年1月第1版 2016年6月第2版
印次	2022年2月第3次印刷
定价	30.00元

前　言

《日语泛读》是普通高等教育"十一五"国家级规划教材，是"十二五"江苏省高等学校重点教材，曾获江苏省高等学校精品教材称号。

《日语泛读》是为高等院校日语专业学生或有志于自学日语者编写的教材，迄今已使用了7年。根据各院校师生在使用过程中的反馈意见，该教材较好地体现了《高等院校日语专业基础阶段教学大纲》和《高等院校日语专业高级阶段教学大纲》的基本精神，在提高学生阅读能力的同时着重培养了学生综合运用日语的能力。然而，随着普通高校日语专业学生水平的不断提高以及使用本教材学校类型的增多，有必要在保持原有亮点的基础上对教材的整体结构和内容进行完善和提高。

第2版教材保留了第1版中关于日本文化、日语学习策略等方面的内容，注重选用适合国际日语能力考试和高等院校日语专业四级或八级考试阅读理解的日文材料。新选材料涉及日本历史文化、经济评论、动漫、礼仪、创新性思维等方面。另外，依据21世纪日语专业四、八级考试和国际日语能力考试的新题型，对原教材中的练习进行了相应修订，练习的题型和内容都紧扣日语专业四、八级考试和国际日语能力考试。

本教材一套4册，每册16课，每课围绕一个主题，由一篇长篇文章及数篇短文组成，生词采用边注形式，有助于学生排除阅读障碍；文后附有注释、难句译文以及3种练习题型。第1、2册注重基础阶段阅读练习，构筑学生阅读理解的基本知识结构，使其达到国际日语能力考试N2级和日语专业四级考试要求的阅读理解要求，主题性文章后的练习题型为主观题（汉字写假名、假名注汉字、

造句）和多项选择题（主要考查对文章和词句的理解）。第3、4册注重培养学生高级阶段的阅读理解能力，使其掌握较高层次的阅读技巧，达到国际日语能力考试N1级和日语专业八级考试的阅读理解要求。

为了培养学生的阅读理解能力，本教材设置了"阅读技巧"栏目，分析各类文章的特点、所需掌握的重点、重要词汇的查找和与其相关联词句的搭配关系。重点培养学生在阅读日语文章时紧紧抓住指示代词的关键作用，掌握它的指代内容。为了开阔学生的知识面，拓展学生的视野，帮助学生更好地理解文章，本教材还设置了"语言文化"栏目，让学生了解和掌握语言文化知识。第1、第2册"语言文化"栏目原文引用了森田六朗先生的《读懂关键词 看懂日本人的内心》（商务印书馆出版）10篇文章。引用文章得到森田六朗先生以及商务印书馆、日本アスク出版方面的同意。

本套教材由南京农业大学、南京林业大学、南京工业职业技术学院、南京邮电大学、南京航天航空大学、安徽外语学院、盐城工学院和铜陵学院共同编写和修订。我们希望第2版不仅能帮助学生扩大知识面和词汇量，适应大学日语专业四、八级考试和国际日语能力考试的新题型，增强日语阅读理解能力，而且能帮助学生提高运用日语学习策略和跨文化交际能力，养成独立阅读的习惯，进一步提高日语运用能力。

《日语泛读》编委会
2016年4月

目　次

前　言·· I
第一課·· 001
第二課·· 012
第三課·· 022
第四課·· 033
第五課·· 043
第六課·· 056
第七課·· 067
第八課·· 078
第九課·· 091
第十課·· 101
第十一課·· 111
第十二課·· 120
第十三課·· 132

第十四課···142

第十五課···152

第十六課···166

附录一　课文译文···180

附录二　语言文化广场译文···202

附录三　练习参考答案···224

第一課

――――（一） 水不足 ――――

　なぜ、地球上の水不足は起こるのでしょうか。そのもっとも大きな原因は、人口の増大により水の需要が増えるためです。国連の調査資料によると、1995年の世界の水使用量は3兆5,720億立方メートルで、人口83億人と予想される2025年には、1.4倍の4兆9,130億立方メートルになると予想されます。①そのため世界で水不足の状態におかれる人口の割合は、1995年の3分の1から、2025年には3分の2に拡大するとみられます。

　人口が増えれば食料や工業製品の生産も拡大し、農業用水や工業用水の需要も増加します。一方、水源のほとんどは河川で、しかも存在する水量は一定で、増えることはありません。（　②　）、需要が増加したらといって、どんどん使い続けていったら、やがて不足することは目に見えています。その上、産業排水や生活排水の処理が不十分なため、水質汚染が進み、使える淡水はさらに減り続けています。

　すでに現在でも、大きな河川がなく、降水量が少ない乾燥地帯にある開発途上国を中心に、深刻な水不足が増大しており、アジア、アフリカなど31ヶ国で絶対的な不足に悩んでいます。その結果、12億人が安全な飲料水が確保されず、年間500万～1,000万人が水が原因で死亡しています。このような途上国地域では排水処理設備の整備も遅れているため、病気の80パーセントは汚れた水が原因で、それにより子どもたちが8秒に1人が死亡していると、WHOは報告しています。

　幸い私たちの住む日本では、水にそれほど不自由していませんが、よその国の話だとのんびりかまえていていいのでしょうか。世界の水不足は日本にどんな影響を与えるのでしょうか。わが国は世界でも比較的降水量が多く、水は豊富にあるように思われますが、大量の水を（　③　）していることを知っている人は少ないようです。日本は農産物や木材、工業製品など、大量の水を使って作られている製品の輸入国で、農産物では豆類、小麦などは90パーセント程度を、繊維製品は全需要量の60パーセントを輸入に頼っています。また日本の木材輸入量は世界第1位で、世界全体の25パーセントを占めています。このように日本は

世界中からさまざまな製品を輸入しているわけですが、製品を通して世界中の水を輸入していると言ってもいいのです。その量は輸入農産物だけについてみても、その生産に必要な水量は年間約50億立方メートルと計算されています。これは約4,000万人分の生活用水使用量に匹敵します。④<u>日本経済は、この目に見えない水の輸入によって成り立っているです。</u>

今、お隣の国中国も深刻な水不足に悩んでおり、1997年、黄河は海に上流からの水が到達しない日が、過去最高の226日を記録しました。このような水不足により、中国の穀物生産は1999年から三年間で500万トンも減少しています。中国から大量の食料品、衣料品、工業製品を輸入しているわが国としては、もし水不足の影響で中国から品物が入ってこなくなったとしたら、経済的に大きな打撃をうけます。ですから、よその国の水不足は、私たちの生活や経済にとって決して無関係ではないのです。

——（二） 味覚——

ある栄養士養成学校の学生を対象に行った調査によると、同じ料理を食べた時に、①<u>一年生よりも二年生のほうが味付けが濃いと感じる割合が多かったそうだ。</u>栄養学を学ぶにしたがって、塩分の問題が意識されてくるのかも知れない。

味覚は生活習慣によって影響を受けやすいものだ。家庭での食事が濃い味付けであれば、うす味の料理はおいしくないと感じるようになる。激辛ブームの時には、日本人の味を識別する感覚は鈍くなっていたかもしれない。健康のためにもなるべくうす味に慣れて、味に対する感覚を鋭くしていきたいものだ。そのためには、食物を味わって食べる習慣をつけることも大切なことの一つであろう。

——（三） イクメン——

「イクメン」が増えつつある。「イクメン」とは子育てに積極的に参加する父親のことだ。最近は学校の入学式や授業参観日にも多くの父親が参加しているし、専業主夫さえいる。しかし育児休暇をとった男性は1.23％で、欧米に比べて大変低い。統計によると父親が子育てに協力的なほど子供の出生率が高いそうだ。子供の減少に悩んでいる政府も、父親の育児へ参加を促すために「育児・介護休業法」を改正した。育児休暇は以前から男性にも認められていたが、（1）これによりさ

らに取りやすくなった。しかし実際には職場の理解なしには1日たりとも休暇は取れないだろう。職場環境を変えなければこの法律は絵に描いた餅に終わるに違いない。

単語

（一）

一方（いっぽう）	（接）	从另一方面说、另一方面
河川（かせん）	（名）	河川、大小河流的统称
どんどん	（副）	接连不断
開発途上国（かいはつとじょうこく）	（名）	发展中国家
WHO（世界保健機関）	（名）	世界卫生组织
幸い（さいわい）	（副）	幸亏
よそ	（名）	别处，远方
かまえる	（他下一）	采取某种姿势，摆出某种姿态
匹敵（ひってき）	（名・自サ）	匹敌、比得上
穀物（こくもつ）	（名）	谷物、五谷

（二）

栄養士（えいようし）	（名）	营养师
味付け（あじつけ）	（名・自サ）	调味、加佐料
激辛（げきから）	（名・形動）	辛辣
鈍い（にぶい）	（形）	缓慢、迟钝
なるべく	（副）	尽可能

（三）

イクメン	（名）	奶爸

文法

1. ～としたら／～とすると／～とすれば

　　该句型与"～と仮定したら""～と仮定すると""～と仮定すれば"同义。其反

义句型为"～としても"。"～としたら"多用于会话中，"～とすると"有"当然～という結果になる"的语感，表示必然、自然的归属。"～とすれば"带有怀疑的语感，相当于"もし～が正ししければ、～ということになるが、しかし、～"。另外，该句型还可以作接续词使用。其接续为：名词＋だ，动词、形容词的终止形。

○ 行けるとしたら明日しかないんだけど、それでいい？
　　（若能去的话只有明天了，可以吗？）
○ えっ、あの銀行が倒産しそうだって？それが事実だとしたら、国中が大騒ぎになりますよ。
　　（啊，听说那家银行倒闭了。如果是事实，全国会大乱的。）
○ それが本当だとすれば、彼が真犯人ということになる。
　　（如果那是真的，那么他就是嫌犯。）
○ 電車で行ったのでは間に合わないとすると、もうタクシーしかありませんね。
　　（坐电车去来不及的话，只有坐出租车了。）
○ この妥協案にも不満だとすれば、いったいどんな解決策があるというのですか。
　　（如果对这个妥协方案不满意，那你到底有什么样的解决方案？）

2. ～かもしれない／～かもわからない

　　"～かもしれない"和"～かもわからない"的含义和用法相同。表示"或许……，也许……"。其接续为：名词、形容动词词干、动词、形容词的终止形。

○ 帰りが遅すぎる。娘の身に何かあったかもしれない。
　　（回来得太晚。女儿或许出了什么事。）
○ そう言えば、そんなことを言ったかもしれないなあ。
　　（这么说，也许说过那样的话。）
○ 一時父は重体で、もう助からないかもしれないと思ったが、どうやら峠は越したようだ。
　　（有段时间父亲病重，本来觉得好像已经回天无力了，但总算度过了难关。）
○ ひょっとしたら、行方不明の息子が帰ってくるかもしれないと思って、部屋はそのままにしてあるんです。
　　（想着下落不明的儿子说不定会回来的，就没有动他的房间。）

3. ～つつある

　　表示目前正在进行的动作。常与"刻一刻と""日々""ますます"等表达状态变化的词连接使用。可以译为"正在……""日益……"。其接续为：动词的"ます"形。

○ 地球人口は、年々増えつつある。
　　（地球人口年年在增加。）
○ 病状は回復に向かいつつあるので、ご安心ください。
　　（病情正在转好，请放心吧。）
○ 今わがチームは劣勢を挽回し、優勢に転じつつある。
　　（现在我们队正在挽回劣势，转向优势。）
○ 元気そうに見えた彼ではあったが、彼の体は癌にむしばまれつつあった。
　　（他看起来很健康，身体却被癌症日益侵蚀着。）
○ まさに風前の灯火、さしもの帝国にも終わりの日が刻一刻と迫りつつあった。
　　（已是风烛残年，帝国的终结日正在一刻一刻地迫近。）

4. ～なしに／～なくして／～なしには～ない

　　"～なしに"相当于"～しないで／～せずに"，句末与肯定的表达相呼应。而"～なくして（は）／～なしには"则相当于"～しなければ"，句末与否定的表达相呼应。表示"没有……（的情况下），没有……的话"。其接续为：名词。
○ 災害は予告（も）なしにやってくる。
　　（灾害在没有预报的情况下发生了。）
○ あなたなしには、私は生きてはいけません。
　　（如果没有你，我活不下去。）
○ 周到な準備なくして事を始めると、必ず失敗する。
　　（没有周密的准备就开始，必定失败。）
○ 経済的自立なしには、個人も、また国家の独立もあり得ない。
　　（经济不独立，个人和国家的独立都是不可能的。）

練　習

一、次ぎの漢字に振り仮名をつけなさい。

一方（　　　）　　河川（　　　）　　幸い（　　　）
匹敵（　　　）　　穀物（　　　）　　栄養士（　　　）
水不足（　　　）　　増大（　　　）　　国連（　　　）
予想（　　　）　　需要（　　　）　　淡水（　　　）
死亡（　　　）　　塩分（　　　）　　感覚（　　　）

二、次ぎの片仮名に適当な漢字をかきなさい。
1. アジツけ（　　　）　　　　2. ゲキカラ（　　　）
3. ワリアイが多い（　　　）　　4. 感覚はニブくなっている（　　　）
5. キュウカが取れない（　　　）　6. 飲料水がカクホされる（　　　）
7. 3分の2にカクダイする（　　　）　8. 設備がオクれている（　　　）
9. ダゲキを受けます（　　　）　　10. 味をシキベツする（　　　）

三、文章（一）を読んで、後の問いに答えなさい。答えは、①・②・③・④から最も適当なものを一つ選びなさい。

問一　①「そのため」というのは、なにを指しているか。
① 排水処理設備の整備の遅れ
② 降雨量の減少
③ 工業用水の需要の増加
④ 人口の増大

問二　（②）に入る適当な語はどれか。
① また
② しかし
③ それに
④ したがって

問三　（③）に入る適当な語はどれか。
① 海外から輸入
② 海外へ輸出
③ 海外で生産
④ 国内で消費

問四　④「日本経済は、この目に見えない水の輸入によって成り立っているです」とあるが、「目に見えない」とはどういうことか。
① 日本は世界中から水を輸入しているので、どの国で水不足が起こっているか知らないでいること。
② 日本は多くの農産物や工業製品を輸入しているが、それらの生産に大量

の水が消費されていることに、私たちが普段気づかないでいること。
　　③　新聞やテレビなどであまり取り上げられることがないので、どれほど水を消費しているか、多くの日本人が知らないこと。
　　④　日本は降水量も多く、水が豊富にあるので、水の大切さを普段は気づかないまま生活していること。

　問五　筆者は日本の水の状況についてどう考えているか。
　　①　日本は降水量が多く、水不足になる恐れはないだろう。
　　②　日本はすでに海外からの水の輸入に頼らなければやっていけない状況にある。
　　③　日本は開発途上国からの農産物や工業製品の輸入を少なくする必要がある。
　　④　地球温暖化が進むと、地球規模で降水量が減り、日本もその例外ではない。

　問六　筆者はこの文章を通して何を読者に訴えているか。
　　①　毎日の暮らしの中で、水を大切に使うようにしよう。
　　②　地球人口の増加を少なくする方法を考えよう。
　　③　深刻な水不足に悩んでいる開発途上国を援助しよう。
　　④　よその国で起こっている水不足を、自分たちの問題として考えよう。

四、文章（二）を読んで、次ぎの問いに対する最も適当な答えを①・②・③・④から一つ選びなさい。
　問一　①「一年生よりも二年生のほうが味付けが濃いと感じる割合が多かったそうだ」とあるが、なぜか。
　　①　二年生のほうが、家庭料理の味付けの濃い学生が多いから。
　　②　二年生のほうが、家庭料理の味付けの薄い学生が多いから。
　　③　長く栄養学を勉強している二年生は塩分の問題を意識しているから。
　　④　激辛ブームを経験している二年生は塩分の問題を意識しているから。

　問二　この文章の内容と最も合っているものはどれか。
　　①　うす味に慣れることと意識することで味覚は鋭くなる。

② 日本の家庭料理は濃い味付けなので、おいしくない。
③ うす味に慣れると、味覚は鈍くなる。
④ 生活習慣を変えても味覚は変わらない。

五、文章（三）を読んで、次ぎの問いに対する最も適当な答えを①・②・③・④から一つ選びなさい。

問一　①「これ」はどういうことを指すか。
① 職場環境の整備
② 育児・介護休業法の改正
③ 父親の育児への参加
④ 男性の育児休暇への認可

問二　育児に関する日本の状態を述べているのはどれか。
① 育児休暇を取る男性が増えている。
② 法律はあっても全て役に立たない。
③ 子育てに協力的な男性が増えている。
④ 政府も社会も「イクメン」を支援している。

読解類型分析

　　所谓统计学，是通过搜索、整理、分析、描述数据等手段，推断所测对象的本质，甚至预测对象未来的一门综合性科学。其中用到大量的数学及其他学科的专业知识，它的使用范围几乎覆盖了社会科学和自然科学的各个领域。
　　通过对近14年来的日语专业四级中49篇阅读的分析，我们发现，涉及统计学的知识甚少，只有2008年和2013年各出现一篇，如图所示：

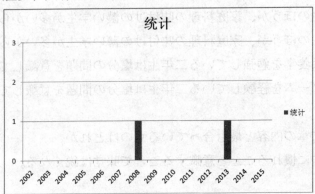

并且均为短篇。这两篇阅读多为对数字统计后的分析结果及建议，缺乏统计学原理、原则、方法的解读。

统计学是以认识社会为目的的学科，兼有信息、咨询、监督三种职能。这三种职能是相互联系、相辅相成的。

読解技法

阅读理解综述

阅读理解是运用语言知识及背景知识从文章中获取信息的过程，是对外语综合能力的考查。在《大学日语教学大纲》中明确规定："培养学生具有较强的阅读能力、一定的译和听的能力、初步的写和说的能力，使学生能以日语为工具，获取专业所需的信息，并为进一步提高日语水平打下较好的基础。"这就明确了阅读在整个日语教学中的重要地位。阅读理解是大学日语专业等级考试的重点测试内容，也是占考试分数量最大的一项，了解并掌握阅读方法与技巧对提高阅读能力很有帮助。

阅读理解试题的内容，多为人文类科学方面，包括统计、资讯、生活、社会、语言、文学、法律、教育、心理、哲学等。

阅读理解正文中出现的词汇基本上不超过教学大纲词汇表所规定的范围。要想做好阅读理解，必须具有扎实的日语语言知识基础，包括文字、词汇、构词、语法、会话规则、语言知识等；同时要了解日语背景知识，包括一般常识、最新重大事件、历史地理等；还要平时多做一些试题练习，掌握必要的阅读方法和解题技巧，培养自己的阅读理解能力、归纳能力、表达能力、判断能力，以获得最佳的解题效果和成绩。

影响阅读成绩的四大因素是：词汇量、句型结构知识、阅读方法、解题技巧。

言語文化コラム

絆

　絆とは、断つことのできない人と人との結び付き。ほだし。「紲」とも書く。絆は、犬や馬など動物を繋ぎ止めておく綱のことを言い、平安中期の辞書『和名抄』にもその意味で使用例が見られる。絆は離れないよう、繋ぎ止める綱の意味から、家族や友人など人と人を離れ難くしている結び付きを言うようになった。絆の語源は諸説あり、「頸綱（くびつな）」、「騎綱（きづな）」、「繋綱（つなぎつな）」の意味、「引綱（ひきつな）」の上略など、動物を繋ぎ止める綱という点で共通している。

　日本漢字能力検定協会は12月12日、恒例の「今年の漢字」を清水寺本堂で同寺の森清範貫主が揮毫（きごう）により発表した。今年で17回目となる同イベント。全国に設置した応募箱やインターネットを通じ「今年の世相を表す漢字」を募集した。応募総数は過去最高となる49万6997件だった。

　2011年の「今年の漢字」には「絆」が選ばれた。背景には「東日本大震災や台風による大雨被害、海外ではニュージーランド地震、タイ洪水などが発生。大規模な災害の経験から家族や仲間など身近でかけがえのない人との絆をあらためて知る」「なでしこジャパンのチームワークの絆には日本中が感動し勇気づけられた」が挙げられた。福島県の28歳女性は「家族みんなで未来を信じ『絆』を感じながら歩きだしています」とメッセージを寄せている。

　亀岡誠著『現代日本人の絆──「ちょっとしたつながり」の消費社会論』（日本経済新聞出版社、2011年）昨年3月11日の東日本大震災により、多くの日本人が改めて気が付いたことは、人と人との絆、つながることの大切さと意味であった。そして、新聞報道により確認され、また、有識者によって改めて指摘されたこうした価値観は、これまで日本人の間で伝統的に重視されてきた絆の意義を再確認することとなった。

　しかし、価値観としての絆、つながりということについて押さえておくべきことは、時代の流れ、すなわち社会的、経済的環境の変化の中で、期待される絆、つながりの中身が変化したのではないかということである。絆の中で最も代表的なものとしてあげられるのが家族だが、近年のパラサイト・シングル化や単身世帯の急増などにより、旧来の性別役割分業を基礎とした戦後家族モデルは減少の一途を辿っている。こうした「仕事は夫、

家事・育児は妻」という分業体制の中で、豊かな生活と将来をめざす家族モデルが行き詰まったことは明らかである。

　こうした中、日本人もしくは日本社会は、崩れ始めている家族の再生を図ることにより絆、つながりを確保していくべきなのだろうか。ある人はこうした立場を取っており、家族の再生のため労働環境の改善とともに、結婚支援などを行政に期待している。「学校・会社・家族」といった近代的絆が持っていた本来の役割が変容を余儀なくされる戦後消費社会の急速な変化を示し、近代的絆がかつてのような役割を果たすことはもはやないとみている。

　そして、隣人、友人、同好、社会との間の「ちょっとしたつながり」、「ちょっとした絆」に、新しい絆の将来像を追い求めていくべきである。家族は主要な共同体のひとつであり続けながらも唯一のよりどころではもはやないという立場から、新しい絆の役割を重視し、今後の展望に期待している。このように近代的絆に代わって筆者が重視するのが「隣人」、「友人」、「同好」、そして「社会」の絆である。いずれも「学校・会社・家族」のような強固で永続的な絆ではないが、こうした非組織的で不定形な「ちょっとした絆」こそが、人間関係に適度の距離感を期待する現代日本人の期待に合致し、その結果、人間の絆とつながりに好影響をもたらし、そして、幸福感を高める。

　筆者は、「ちょっとした絆」が果たす役割を証明するため、現代日本人における絆の代表例としてＮＰＯ団体での活動やソーシャルビジネスなど多くの事例を紹介している。しかし、紹介された事例の多くは決して安定的、永続的ではなく、一時的、流動的な要素を多く含んでいるように思われる。そのため、「学校・会社・家族」といった近代的絆と並ぶ日本人の代表的な絆となるかどうかは保証されない。日本人の絆として「学校・会社・家族」といった近代的絆の再生を図ることを本道とすべきか、それとも、現代に適合するものとして「ちょっとした絆」の広範囲な構築を目指すべきなのか、大震災後の日本人のあり方を考えるべきといえるだろう。

第二課

――――（一） 情報の選択的接触――――

　現代社会は情報社会ともいわれるように、情報の氾濫状態をうみだしている。しかしわれわれはそうした情報をすべてうけいれ、すべてを消化しているわけではない。われわれがうけいれている情報はそのほんの一部であり、大部分の情報は無駄に流れていってしまっている。

　そうすると、情報の洪水のなかから、われわれは何らかの選択をして、ある一部の情報しかとりいれていないということになる。ではその情報の選択はどのようにしておこなわれるのだろうか。ここで参考になるのが、社会心理学でいう選択的接触である。

　選択的接触というのは、自分に都合がいい情報、あるいは少なくとも自分に不都合をもたらさない情報のみを選択して、われわれはそれに接触し、それを受け入れる傾向のあることをいう。どうしてそういうことになるかといえば、自分の考えや立場と矛盾する情報に接触することは、心理的に不快な状態をもたらすからである。

　たとえば、タバコの好きな人は、「タバコを吸うと肺癌になる」という情報はうけいれ（　①　）。タバコは吸うたいし、そうかといって、肺癌で死にたくもない。これは一種の心理的矛盾であり、葛藤を引き起こす。そうした心理的葛藤は何とかして解消させたいという気持ちが働く。そこでいろいろのいいわけがなされるのである。まず②その第一には、「タバコを吸うむと肺癌になる」という情報は、まだ十分に証明されたものではない、といって情報の信憑性を否定するのである。そうすれば、タバコを吸い続けても、心理的葛藤に悩むことはない。

　第二には、タバコをやめても結局は身体が肥ってきてしまって、健康によくないのは同じである。③どっちもどっちであるならば、タバコを吸い続けてもいいだろう、といういいわけをする。また第三には、タバコを吸うて肺癌になって死ぬ人の数よりも、交通事故で死ぬ人の数の方が多いではないか、と喫煙とは（　④　）情報をもってきて、喫煙の害を中和しようとする。その他にも、いろいろといいわけの論理が工夫されていくが、いずれにしても、それらは心理的

な葛藤に耐えられず、それから逃れようとする努力なのである。

──────（二）　宇宙基地での作物栽培──────

　アメリカ空港宇宙局「NASA」は、宇宙基地で栽培する作物として、サツマイモ（甘薯）を最有力視していると公表した。サツマイモが高く評価されたのは、水耕栽培で短期間に成育し、おまけに栄養のバランスが良いためである。近い将来に、イモが無重力状態でどのように芽生え育つのであろうかという注目に値する①実験が行われることになりそうだ。

──────（三）　電力会社の広告──────

　次の文章は、ある電力会社の広告の一部である。

> 　将来を見据えた電力の確保とともに、電力ピークの伸びを抑えることにつとめています。
> 　みなさまのご協力をお願いします。
> 　電気は貯めることができないため、1年のうちで電気が最も使われる真夏のピークにあわせて設備を作らなければなりません。しかし、発電所の建設には10年から20年という長い期間が必要です。つまり、いまみなさまにお使いいただいている電気は10年〜20年前に建設を始めた設備が作り出している電気なのです。

単　語

（一）

氾濫（はんらん）	（名・自サ）	泛滥、过多
葛藤（かっとう）	（名・自サ）	纠葛、纠纷
言い訳（いいわけ）	（名・他サ）	辩解，道歉
信憑性（しんぴょうせい）	（名）	可靠性、可信程度
太る（ふとる）	（自五）	肥、胖，丰富

喫煙（きつえん）	（名・自サ）	吸烟
中和（ちゅうわ）	（名・自他サ）	中和，平衡
いずれにしても	（词组）	反正，无论怎样

（二）

おまけに	（接）	而且，再加上
無重力（むじゅうりょく）	（名）	无重量，无重力，失重
芽生え（めばえ）	（名）	出芽、发芽，开头，发生

（三）

見据える（みすえる）	（他下一）	目不转睛、死盯着，看准
ピーク	（名）	最高峰、最高潮，山顶
抑える（おさえる）	（他下一）	控制
つとめる	（自他下一）	努力，尽力，工作，任职，担当，担任
貯める（ためる）	（他下一）	积、存、积攒
あわせる（合わせる）	（他下一）	配合，调和
設備（せつび）	（名）	设备，设置，装置

文 法

1. ～わけではない

"～わけではない"既用于表示全句的委婉否定，也可以表示部分否定。意为"不是……，并不是……"。另外，当引用对方的话或想法时，使用"～というわけではない"。应注意和"～わけがない"的区别。其接续为：动词、形容词、形容动词的连体形。

○ 人間は食べるためだけに生きているわけではない。

（人类并不是只为了吃而活着。）

○ 忙しいと言っても年がら年中忙しいというわけでもない。

（虽说忙，并不是说一年忙到头。）

○ 別に恋人というわけじゃないわ。彼とは友達としてつき合っているだけなの。

（并不是恋人关系，和他只是作为朋友在交往。）

○ 冷蔵庫の便利さを否定するわけではないが、物が腐らないわけではないから、過信は禁物だ。
（不是否定冰箱的方便性，而是因为没有不腐烂的东西，不可以过于信赖。）
○ 君一人が悪いわけではないが、君に責任がないわけでもないだろう。
（不是你一个人的错，但你并非没有责任。）

2. ～かと言うと／～かと言えば

"～かと言うと／～かと言えば"相当于"～のことに関して語れば"，表示"说起……"。常用"なぜ～かと言うと～からだ／どうして～かと言えば～からだ"表示陈述理由。也可以和"どう／どちら／どんな…"等疑问词相呼应。另外，也可以形成"なぜかと言うと／どうしてかと言うと"等接续词。其接续为：名词；形容动词词干；动词、形容词的终止形。

○ どちらが好きかと言えば、やはり僕はこちらの方ですね。
（要说喜欢哪个，我还是更喜欢这个。）
○ 誰が適任かと言えば、やはり山田君以外にいないだろう。
（要说谁能胜任，除了山田没有别人。）
○ 日本語の学習にはどんな方法が一番いいかと言うと、とにかく丸ごと暗記することでしょうね。
（说起学习日语什么方法最好，总之要全部背诵吧。）
○ 成功の秘訣ですか、どうすれば夢を実現できるかと言うと、そうですねえ、夢を持ち続けることでしょうね。
（成功的秘诀？说起怎样能实现梦想，嗯……要坚持梦想吧。）

練 習

一、次ぎの漢字に振り仮名をつけなさい。

氾濫（　　　　）　　葛藤（　　　　）　　信憑（　　　　）
芽生え（　　　　）　無重力（　　　　）　設備（　　　　）
情報（　　　　）　　消化（　　　　）　　不都合（　　　　）
傾向（　　　　）　　肺癌（　　　　）　　努力（　　　　）

二、次ぎの片仮名に適当な漢字をかきなさい。

1. 身体がフトってきた（　　　　）　2. 喫煙の害をチュウワする（　　　　）

3. 作物をサイバイする（　　　）　　4. 電気をタめる（　　　）
5. 将来をミスえる（　　　）　　6. 選択的セッショク（　　　）
7. 情報のコウズイ（　　　）　　8. 自分の立場とムジュンする（　　　）
9. フカイな状態（　　　）　　10. ジッケンが行われる（　　　）

三、文章(一)を読んで、後の問いに答えなさい。答えは、①・②・③・④から最も適当なものを一つ選びなさい。

問一　（　①　）の中には、どんな言葉をいれたらいいですか。
① やすい
② にくい
③ られる
④ わるい

問二　②「その」は何をさしますか。
① いろいろのいいわけ
② 心理的葛藤
③ 心理的矛盾
④ 何とかして解消させたいという気持

問三　③「どっちもどっちである」とはどんな意味ですか。
① タバコを吸っても吸わなくても、どちらも健康にはあまり関係がない。
② タバコを吸っても吸わなくても、どちらも心理的葛藤からのがれられない。
③ タバコを吸っても吸わなくても、どちらも死からのがれられない。
④ タバコを吸っても吸わなくても、どちらも体にわるい。

問四　（　④　）の中には、どんな言葉をいれたらいいですか。
① 少ししか関係のない
② 少し関係のある
③ 全く無関係な
④ 大いに関係のある

問五　この文の題として最も適当なものはどれですか。
① 現代社会と情報の氾濫
② 選択的接触といいわけの理論
③ タバコと肺癌

④　情報の信憑性について

四、文章（二）を読んで、次ぎの問いに対する最も適当な答えを①・②・③・④から一つ選びなさい。

問一　①「実験が行われることになりそうだ」とあるが、それはなぜか。
①　サツマイモは経済的だから。
②　サツマイモは強い作物だから。
③　サツマイモは早く育ち、栄養もあるから。
④　サツマイモは宇宙基地の無重力に強いから。

問二　文の内容に合うものはどれか。
①　サツマイモは宇宙でも短期間に成育する。
②　サツマイモは無重力状態に強いことがわかった。
③　無重力状態でのサツマイモ栽培の実験が行われた。
④　宇宙基地でサツマイモが栽培されるかもしれない。

五、文章（三）を読んで、次ぎの問いに対する最も適当な答えを①・②・③・④から一つ選びなさい。

問一　この会社はなぜ電力のピークが伸びないようにつとめているのか。
①　電気は貯めることができないため、発電所をたくさん建設しても効果がないから。
②　使用量が伸びなければ、20年以上たった古い発電所を減らすことができるから。
③　用量が伸びると、時間をかけてあらたに発電所を建設しなけれがならないから。
④　使用量が減れば、10年以上も前に作った電気を使用しなくてもいいから。

读解类型分析

资讯，又称信息，是用户及时获得并利用它且能够在相对短的时间内给自己带来价值的信息，资讯有时效性和地域性，它必须被消费者利用，并且在"提供—使用（阅读或利用）—反馈"之间能够形成一个长期稳定的CS链，包括新闻、供求、动态、技术、政策、评论、观点和学术的范畴等。

通过对近14年来的日语专业四级中49篇阅读的分析，我们发现，涉及资讯的篇幅比较平均，共出现五篇，分别是在2002年、2004年、2010年、2012年、2015年。如图所示：

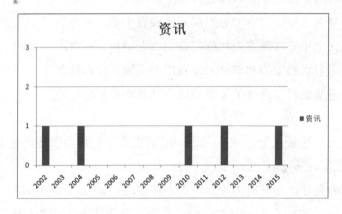

其中，2002年的为长篇，其余四篇都是短篇。当今社会经常被称为信息时代，甚至被称为信息爆炸时代。在浩瀚的资讯里，如何选择辨别资讯、掌握阅读资讯技巧、准确把握资讯传递的信息等，是个紧迫的课题。

阅读资讯类文章的重点在于把握文章所给予的信息量、资讯传递手段、资讯涉及的区域范围等。

读解技法

阅读的奠基石：词汇及应用

词汇量是衡量一个人日语水平的标尺，是阅读理解的基础。那么究竟要记多少单词才够用？很多考生认为越多越好，这其实是一种偏见。对于词汇量，要根据自己某一阶段的日语学习目标，确定一个阶段必须掌握的基本词汇量，以后再逐步扩展。《大学日语教学大纲》及日语专业四级考试大纲中总共包含

了约6000个词汇，其中，一年级阶段应该掌握约2800个词汇，二年级阶段应该掌握约3200个词汇。

在日语专业四级考试中，应试者常感到词汇量不足，这是一个普遍现象。部分应试者认为，日语中有大量的汉字词汇，即使没有学过日语的人拿起日语报纸也能看懂一些，因此在背单词方面下的功夫不够。殊不知，日语中有相当一部分词汇与汉语词汇词意部分不同或完全不同。如果望文生义，势必影响对文章的正确理解。《大学日语教学大纲》词汇表中所列的词汇均为常用的基本词汇，应试者必须牢记掌握。根据日语新大纲的规定，阅读理解的超纲单词不会超过阅读总量的3%～4%。生词会给出日文解释，这就要求我们必须掌握一定的词汇量才能顺利读懂、读通文章大意。

在阅读文章时，我们都不可避免地遇到不熟悉的词或词组，或者认识的单词在文中有了新的意义。当然可以查字典找出它们的意思，但是这样阅读速度会大大减慢，并且在考试中是不允许考生查字典的。如果这些词或词组不影响对文章主要内容的理解，便可以将其略过，继续阅读。但是如果这些词语的意思对准确理解文章起着重要作用时，就必须对这些生词的词义进行猜测，使之不影响对整篇文章的理解。因此，熟练掌握如何判断词义这种技巧是非常有益的。需要注意的是，一个单词通常有好几个意思，我们要了解的是这些词在文中所表达的意思，因此，不可脱离上下文而只根据自己了解的词义来确定其意义。可采用的方法包括：利用词语、句子结构推测词义，利用文章结构推测词义，利用文章中的图示图表推测词义。

言語文化コラム

しつけ

日本では、子どもが小さいときから、家の「外」のルールや他人への「礼儀」などを、親が教えるべきだと考えられています。

たとえば、日本の親はよく子どもに、

「ちゃんとあいさつをしなさい」
「悪いことをしたら、素直に「ごめんなさい」と言いなさい」
「年上の人には丁寧な言葉を使いなさい」
「人の迷惑になることをしてはいけません」
「わがままばかり言っていないで、がまんしなさい」

などと、社会生活に関わるさまざまなことを教えます。この家庭での教育のことを、「しつけ」と呼びます。もし子どもの行儀が悪かったり、態度に問題があったりしたとき、多くの場合、それは子ども自身が悪いので

はなく、親のしつけの問題だとされます。

例1 最近の子どもがきちんとあいさつできないのは、親のしつけが悪いからだ。

例2 小さい頃、食べ物を残してはいけないと、祖母に厳しくしつけられました。

「親のしつけが悪い」という言い方は、子どもだけではなく、大学生や大人に対しても使われることがあります。子どもが大人になったら、親から独立した一人前の人間と考える欧米の文化と違い、日本では、いくつになっても、子どもの行動は親にも責任があると考えられているのです。これは、「内と外」の考え方とも関係があり、家（＝内）というのは、世間・社会（＝外）でちゃんと生きていくための教育の場なのだから、その人の「外」での行動は、「内」に原因があるということになるのです。

「親の顔が見たい」や「お里が知れる」という表現もよく使われます。「お里」というのは、実家（＝自分の生まれ育った家）のことですが、どちらも、ある人のよくない行動に関して、「家でのしつけが悪い（からこうなったのだ）」という意味です。

例3 こんな常識を知らないなんで、どんな育ち方をしたんだ。親の顔が見たいよ。

例4 どんなにいい服を着ていても、話し方や食べ方でその人のお里が知れる。

また、「しつけ」という言葉は、ペットや会社の従業員などに対してもよく使われます。

例5 隣の犬はいつも夜中に吠えてうるさい。飼い主がちゃんとしつけをしていないのだろう。

例6 この会社は社員のしつけが悪い。客が来てもあいさつもしない。

例6の場合、しつけの役割を担うのは、会社や上司です。ここでは、「外」の人に対して、会社全体が「内」だと考えられているわけです。「内」と「外」とを分ける日本人の考え方がよく表れている例だと言えるでしょう。

衣類を仕立てるとき、正しく、きれい仕上げるため、正式に縫う前に、簡単に糸で止めておくことを「しつけ」と言う。ちょうどそのように、家庭で子どもが社会人として正しく生きられるようにすることを「しつけ」と言う。

「しつけ」は、漢字で「躾」と書かれる。「身」と「美」からできていることからわかるように、「自分の身を美しくする」という意味から考えられた字である。漢字はもともと中国から日本に伝わったものであるが、日本人が独自に作った漢字もあり、それを「国字」と言う。「躾」は国字

である。
　国字には、ほかに「辻」「榊」「峠」「裃」「畠」などがある。これらの文字が表している物や概念が中国になかったために、該当する漢字がなく、日本人が漢字の作り方のルールにしたがって独自に作ったのである。中には、逆に日本から中国に入った漢字もあり、中国で権威ある辞書とされる「現代漢語詞書」には、「辻」が日本の国字として掲載されている。
　そのほか、「鰯」「鱈」「鱚」「鯱」「鯰」など、「魚へん」の国字も多いが、それは、日本が周囲を海に囲まれていて、魚が日本人の生活と深い関係にあるためだろう。
　「しつけ」という言葉はもちろんだが、「躾」（身を美しくする）という漢字にも、それを作った日本人の感性が表れている。

第三課

（一）居眠り

「居眠り」は体によいことなのですか？
　答えはイエスでもあり、ノーでもあります。単純には断定できません。もともと昼寝は、幼児期には毎日の習慣であったのが、学齢期になると許されなくなったものです。
　①これは、学校や一般社会が決まった時間を持っていて、昼寝をやめさせてしまうからです。多くの文明国では、自宅での昼寝は（　②　）、学校や職場での昼寝や居眠りは悪徳だとする考えが支配的のように見えます。公共の場での仮眠は、わずかに乗り物とか公園とか映画館のようなところでしか容認されていないようです。
　人間の眠気を時刻を追って記録すると、夜間の睡眠に向けて増大するばかりでなく、正午を過ぎたところにも小さなピークが出現します。③このピークを、単なる気のゆるみと見るか、休息の必要性の現れとして社会が容認するかどうかで、成人の睡眠パターンに昼寝が組み込まれるかどうかが決まってきます。人間の眠りは、生理的な欲求（　④　）文化的拘束面のほうが優先するのです。
　しかし、一方では、多くの文明国で、（　⑤　）、能率の低下にとどまらず、判断の誤りや交通事故などがこの時間帯に多発しています。
　もちろん、主睡眠期の夜間に無理して働いている場合には、さらに深刻な問題が発生していることはよく知られているとおりです。これらの現象は、われわれが自然の原理を軽視した⑥「つけ」ということになるのでしょう。
　そんなわけで、無理して起き続けるより（　⑦　）昼寝して脳を休憩させるのは理にかなったことです。ただし、昼寝（　⑧　）生物時計の針が狂わないように、また、夜間の主睡眠の内容におおきな変化を与えないように、（　⑨　）長く寝ないよう気をつける必要があります。

（二）旅行に出かける理由

　旅行に出かける理由はいろいろありますが、一番の喜びは、旅先での解放感ではないでしょうか。この解放感は自分を知っている人が誰もいないという心理に起因します。つまり、自分が恥をかいたり、失敗したり、あるいは、破廉恥なことをしても、そのことで後々困ることは起こらないと思うからです。

　旅先にいる私は、家庭や職場の私ではなく、どこの誰だかわからないような匿名性を持った、一人の人間なのです。

　このように、自分を見つめることを忘れ、他人から批判される懸念も薄れ、恥とか罪とかによる自己規制も弱まり、いつもならしないような行動をとることを、①<u>無個性現象</u>と言います。こうした無個性化は、大勢の見知らぬ人々の中にいる時や群衆の中にいる時、自分が誰だか人にわからないような時に現れます。

（三）子供の部屋

　一人一室の子供部屋が一般的になっているが、これは子供のためにベストのあり方だろうか。勉強していると、どうしてもすぐ眠くなり、すぐわきにあるベッドが目に入るので寝たい誘惑に抵抗できない。思い切って休むと、今度は①<u>机が気になってゆっくり休めない</u>。こんな経験をよくしたものだ。親の立場から見ても、子供が子供部屋に入ったからといって勉強しているとは限らないことを知りながら、いつも監視しているわけにもいかず、②<u>いらいらしていることが多い</u>。一人一部屋ではなく、勉強する部屋、寝る部屋と分けるのも一案だと思う。③<u>平凡な間取り</u>を当たり前のように受け入れず、子供の育て方暮らし方をしっかり考えてから子供部屋を作るべきであろう。

単　語

（一）

居眠り（いねむり）	（名・自サ）	瞌睡，打盹儿
単純（たんじゅん）	（名・形動）	单纯，简单，单调，无条件

昼寝（ひるね）	（名）	午睡
悪徳（あくとく）	（名）	不道德、缺德，恶行
仮寝（かりね）	（名・自サ）	打盹儿，假寐，在旅途中过夜
容認（ようにん）	（名・他サ）	承认，允许，接受
眠気（ねむけ）	（名）	睡意，困、困倦
正午（しょうご）	（名）	正午
緩み（ゆるみ）	（名）	松弛，弛缓，松懈
拘束（こうそく）	（名・他サ）	拘束，束缚，约束，限制
軽視（けいし）	（名・他サ）	轻视、蔑视

（二）

旅先（たびさき）	（名）	旅行目的地
破廉恥（はれんち）	（名）	厚颜无耻
後々（あとあと）	（名）	以后、后来
匿名（とくめい）	（名）	匿名
懸念（けねん）	（名・他サ）	忧虑、担心
罪（つみ）	（名）	罪、罪孽
規制（きせい）	（名・他サ）	规定，限制
群衆（ぐんしゅう）	（名）	群众

（三）

あり方（ありかた）	（名）	应有的状态，理想的状态
誘惑（ゆうわく）	（名・他サ）	诱惑、引诱
思い切って（おもいきって）	（副）	下决心，大胆地，狠心，毅然决然
一案（いちあん）	（名）	一个方案，一个办法，一个主意，好办法
間取り（まどり）	（名）	房屋布置

文 法

1. ～ばかりでなく

相当于"Aだけでなく、更にその上B"，表示"不但……而且……"。常与"～も""～さえ""～すら""～まで"等呼应使用。其接续为：名词、动词、形容词、

形容动词的连体形。
○ その方法は非効率なばかりでなく、費用もかさむ。
　　（那个方法不仅没有效率，而且会增加费用。）
○ 中国帰国者のグループは、男性ばかりでなく女性も混じっている。
　　（中国回国团里不仅有男性，还混进了女性。）
○ きみは英語ばかりでなくドイツ語もフランス語もできるから鬼に金棒だ。
　　（你不仅会英语，还会德语和法语，真是神通广大。）

2. ～からと言って
　　该句型意思是"いくら～（の）理由があったとしても～"，可以简化成"～からって"，书面语是"～からとて"。表示："虽说……但是……"。该句型常与否定相呼应。其接续为：名词＋だ、动词、形容词、形容动词的终止形。
○ 日本人だからと言って、正しく敬語が使えるとは限らない。
　　（虽说是日本人，但未必会正确使用敬语。）
○ 相手が弱そうに見えるからって、決して油断するな。
　　（虽然对手看起来弱不禁风，但绝不可疏忽大意。）
○ 苦しいからとて、途中で投げ出すわけにはいかない。
　　（虽说辛苦，但不能半途而废。）
○ 健康に自信があるからって、そんなに無理をしてると体を壊しますよ。
　　（虽说对健康有自信，但是如果如此糟蹋，身体会垮掉的。）
○ 夫婦だからと言って、お互いに何の秘密もないなどということはあり得ませんよ。
　　（虽说是夫妻，但也不能彼此之间没有任何秘密。）

3. ～とは限らない
　　"～とは限らない"意思是"ほとんど～と言えるが、しかし、そうでない例外もある"，表示"不一定，不见得，未必"。常与"必ずしも""いつも""常に""誰でも""どこでも""何でも"等副词一起使用。其接续为：名词＋だ（だ多省略）；形容动词＋だ（だ多省略）；动词、形容词的终止形。
○ 金持ちが必ずしも幸せとは限らない。
　　（有钱未必幸福。）
○ この世の中、何でも理屈で割り切れるとは限らない。
　　（这个世界上，未必任何东西都能用道理讲得通。）
○ 何でもお金で解決できるとは限らないんですよ。
　　（不是任何事情都能用钱解决的。）

○ ご主人は癌とは限りませんから、奥さん、ここは冷静に検査結果が出るのをお待ちください。

（您丈夫未必是癌症，夫人，请在这里冷静地等待检查结果出来。）

4．～わけにはいかない

"～わけにはいかない"意思是因身边有事而不能做某事，表示："不能……"。和动词的否定连接，等于"～しなければならない""～ざるを得ない"。其接续为：动词的原形或ない形。

○ 社長命令とあっては、従わないわけにはいかない。

（既然是社长的命令，就必须服从。）

○ 行きたいわけではないが、上司からのゴルフの誘いなので、無碍に断るわけにもいかず、困っている。

（并不想去打高尔夫，但是因为上司邀请，不能直接拒绝，真难办。）

○ 政府も荒廃した教育現場の現状を無視するわけにはいかなくなり、やっと重い腰を上げた。

（政府也不能无视荒废的教育现状，勉强着手干起来了。）

○ たとえ会社の決定であろうと、このような理不尽な命令に従うわけにはいきません。

（即便是公司的决定，也不能服从这不讲道理的命令。）

練習

一、次ぎの漢字に振り仮名をつけなさい。

居眠り（　　　）　　昼寝（　　　）　　悪徳（　　　）

拘束（　　　）　　破廉恥（　　　）　　匿名（　　　）

答え（　　　）　　幼児（　　　）　　学齢（　　　）

自宅（　　　）　　職場（　　　）　　睡眠（　　　）

無理（　　　）　　休憩（　　　）　　懸念（　　　）

二、次ぎの片仮名に適当な漢字をかきなさい。

1. ヨウニンされない（　　　）　　2. 自然の原理をケイシする（　　　）
3. タビサキで解放感（　　　）　　4. ユウワクに抵抗できない（　　　）
5. 平凡なマドリ（　　　）　　6. 気のユルみ（　　　）

7. ハンダンの誤り（　　　）　　8. ノウリツの低下（　　　）
9. シンコクな問題（　　　）　　10. ハレンチなこと（　　　）
11. オオゼイの人（　　　）　　12. クラシし方（　　　）

三、文章（一）を読んで、後の問いに答えなさい。答えは、①・②・③・④から最も適当なものを一つ選びなさい。

　問一　①「これ」とあるが、何を指しているか。
　　①　昼寝がある年齢を境にできなくなること
　　②　居眠りがよいかどうか判断できないこと
　　③　昼寝が毎日の習慣であること
　　④　居眠りが体によいこと
　問二　（　②　）に入る言葉はどれか。
　　①　とかく
　　②　ともかく
　　③　もちろん
　　④　いうまでもなく
　問三　③「このピークを、単なる気のゆるみと見る」場合、どうなるのか。
　　①　昼寝の必要が高まる。
　　②　成人の昼寝が認められなくなる。
　　③　仕事が軽視される。
　　④　夜間の睡眠が少なくなる。
　問四　（　④　）に入る言葉はどれか。
　　①　よりも
　　②　により
　　③　による
　　④　からの
　問五　（　⑤　）に入る言葉はどれか。
　　①　昼過ぎの眠気に逆らって仕事をすることによって
　　②　昼過ぎの眠気を休憩の必要性の現れとすることによって
　　③　昼寝を睡眠のパターンに組み込むことによって
　　④　昼寝を組み込むかどうかを個人の選択とすることによって
　問六　⑥「つけ」はこの文章で何を意味しているのか。
　　①　何もしないため後で来る答。

②　何をしても後で答が来ない。
③　何かをしたため後でくる答。
④　何もしなくても後で答が来る。

問七　（⑦）に入る言葉はどれか。
①　十分に
②　少しだけ
③　よく
④　長く

問八　（⑧）に入る言葉はどれか。
①　にとって
②　について
③　によって
④　にたいして

問九　（⑨）に入る言葉はどれか。
①　まさか
②　べつだん
③　すなわち
④　むやみに

問十　筆者がこの文章で最も言いたいのはどのようなことか。
①　学校や職場での昼寝や居眠りは文明的ではない。
②　昼寝や居眠りが体によいことだとは、単純に判断できない。
③　昼寝や居眠りを睡眠パターンに組み入れるのは、自然なことだ。
④　昼寝や居眠りを容認するかしないかは、各文化ごとに決定すればいい。

四、文章（二）を読んで、次ぎの問いに対する最も適当な答えを①・②・③・④から一つ選びなさい。

問一　①「無個性化現象」は、どんな時に生じるか。
①　解放感が失われた時
②　自己規制が強まった時
③　匿名性が保たれている時
④　批判される懸念が生じた時

五、文章（三）を読んで、次ぎの問いに対する最も適当な答えを①・②・③・④から一つ選びなさい。

問一 ①「机が気になってゆっくり休めない」とあるが、どういう意味か。
① 机の前に座って寝ようと思ってもゆっくり寝られない。
② 勉強のことが気になって、寝ようと思ってもゆっくり寝られない。
③ 机があって部屋がせまいので、寝ようと思ってもゆっくり寝られない。
④ 机の上を片付けていなかったので、寝ようと思ってもゆっくり寝られない。

問二 ②「いらいらしている事が多い」とあるが、なぜか。
① 子供が子供部屋で何をしているのか見ることができないから。
② 子供が子供部屋にいるかいないか見ることができないから。
③ 子供が喜ぶ子供部屋を作るのは難しいから。
④ 子供部屋を作るかどうか決められないから。

問三 (3)「平凡な間取り」とあるが、ここではどんな間取りか。
① 子供にとってベストの間取り。
② 親が子供を監視できるような間取り。
③ 勉強する部屋と寝る部屋が別の間取り。
④ 一人につき一室の子供部屋がある間取り。

読解類型分析

　　生活学是研究人类衣食住行生活的起源、相互关系、变迁发展和规律的科学，是一门综合性的学科。生活学的研究对象虽然是人类日常的衣食住行生活，但本质上它研究的依然是世间生活方方面面的主体者——人类。

　　通过对近14年来日语专业四级考试中49篇阅读的分析，我们发现，涉及生活类的知识比较平均，共出现七篇，分别是2003年两篇，2004年、2005年、2006年、2010年、2011年各一篇。如图所示：其中，除2003年有一篇为较长篇外，其余六篇都是短篇。日本教育界基于传统"家政哲学"弘扬的"人间守卫"理念，谋求现代人间生活的充实和发展，早于20世纪70年代后相继在一些大学或短期大学设置了"生活学部"和"生活学科"。中国目前没有成立生活学会，

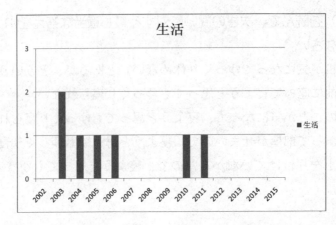

各个学校、学院也无"生活学科"。国人很少受到科学"生活观"的教育。

日语专业四级考试选取的文章多为生活类的具体实践案例型文章。

读解技法

句型结构知识

阅读理解的关键在于真正读懂文章。词汇是构成语言的基本元素，而句子则是表达意思的基本结构。所以能不能理解句子、理解句与句之间的逻辑关系是能否真正读懂文章的关键。再复杂的句型都是由基本句型变化而来的，因此必须熟悉基本句型。学会分析句子成分和句型结构是提高阅读水平的关键。阅读理解文章的难点之一在于处理结构复杂的长句，所以平时就要多训练阅读长句、难句。若达到一眼就能识别这些语法的程度，那么阅读理解所涉及的语法障碍也就减少很多了。

言語文化コラム

マナー

　マナー（英語：manners）とは、行儀・作法のことを指す。マナーは、自分とみんなのための立ち振る舞い、生活の仕方のことである。

　マナーとは「他者を気遣う」という気持ちの現れであり、相手を不快にさせないように個人個人が考えを巡らして行動すべきものである。しかし、「他者を気遣う」ということよりマナーをマニュアル化し、マニュアルに沿って行動しているかどうかでマナーの善し悪しを判断してしまう場合がある。例えば、ビジネス・マナー等でそういった傾向が見られ、その結果、命令や規範がなければ行動できない、マニュアルに載っていること以外の対応力に欠け、「考える」ことをしないといった弊害が見られる。

　一般的には、その場においての作法であったり、その文化で生きるときの行儀のことである。

　例えば、誰かと会話をするとき、誰か人と会うとき、誰かとものを食べるとき、自分がやりやすいように、そしてほかの人が不快にならないように気をつけることがいくつかある。

　例えば、ある国の文化において、こうした方が美しいであるとか、素晴らしいであるとか、気持ちが伝わるであるとか、そのような行儀がある。これらの、ある意味空気を読むであるとか、常識的に考えた結果がマナーと呼ばれる。

　自分が嫌なことはマナー違反などという言葉に頼らず、ただ単に「自分は（それが）嫌だ」と言えば良いだけのことなのである。しかし、大抵の場合そのままの言い分では受け入れてもらえないから、自分もいくらか引き下がって相手と話し合い、妥協点を探っていくより他に無いであろう。

　基本的な考えとしてのマナーとは、自分とみんなの事を考えた上での立ち振る舞いであるので、人によって解釈の異なるマナーについては、自分の考えと違うからと言う理由で簡単にマナー違反と批難するのではなく、お互いに何を考えた上でのマナーであるかを想像して、相手へ不快と捉えられてしまう振る舞いについては、お互いに相手を思いやって行動することが望ましい。

　マナーの様式は多くの場合、堅苦しく感じられるが、その形は社会の中で人間が気持ち良く生活していくための知恵である。マナーは国や民族、文化、時代、宗教のさまざまな習慣によって形式が異なる。また、個人間でも価値観や捉え方による差異がある。ある国では美徳とされていること

が、他の国では不快に思われることもある。例えば、アメリカでは他者の目の前でげっぷをすれば不快に思われるが、中国では食後にげっぷをするのが儀礼に適っている。また、日本では食事の際に飯椀を持ち上げて食べることが一般的であるが、諸外国では逆に皿を食卓に置いたまま箸やスプーン、フォークを用いるのが一般的であり、食器を持って食べると「乞食のようで卑しい」と批判される、など。

　食事の際のマナーを「テーブルマナー」と呼ぶ。食事が洋食か和食であるかによってマナーは異なる。中華料理や諸外国料理にも該当するテーブルマナーがあるが、日本国内で食事をする場合に限ればさほど問題にならない。ただし、海外にて食事をする際は、「郷に入っては郷に従え」との諺どおり、現地のマナーに従うことが望ましい。

　エレベーターが利用階まで来るのを待っている間、ドアの正面で待つのではなく、横に立って降りる立場の邪魔をしないようにする。

　携帯電話は、図書館や映画館などの公共の場所においては電源を切るかマナーモードにしておく。

第四課

――――（一） 食事のマナー――――

　すぐ帰るつもりで訪問した家で、その家の人が「ぜひ食事を」とすすめる場合がある。そんな時は、遠慮しないでごちそうになったほうがいい。しかし、食事をするには気をつけなくてはいけないことがある。まず大切なのは、背すじをのばしてきれいな姿勢で食べることだ。和食の場合、畳の部屋で座って食べることが多い①ので姿勢は特に目立つ。テーブルにひじをついて食べるのもよくない。

　②また、日本でははしを使って食事をすることが多いので、はしの使い方は食事のマナーの基本だ。まず、はしは右手で取ってから左手にのせて、もう一度右手に持ってから使う。置く時は、はし置きにはし先を左にして置く。割りばしの場合は袋から（ア）割って使う。してはいけないはしの使い方もいろいろある。例えば、同じ手ではしとちゃわんなどをいっしょに持ってはいけない。はしでさらを動かしたり、はしからはしへ食べ物を（イ）のもよくない。また、どれを食べようかと思って料理の上ではしをあちこち動かしたり、一つの皿の料理の中から好きなものだけを選んで（ウ）てはいけない。それから、食べ物にはしを突き刺して取るのもよくない。

　③そのほかにもいろいろ気をつけなくてはいけないことがある。テーブルの上の食器に顔を近づけて食べてはいけない。ごはんやみそ汁は、いつもちゃわんやおわんを持って食べる。日本ではうどんやそばは音を立てて食べてもいいが、そのほかのものは音を立てないで食べたほうがいい。また、口の中に食べ物がある時は話してはいけない。口の中のものを全部食べて、はしやおわんをテーブルに置いてから話す。きらいな食べ物や飲み物があるときは「すみません、（エ）…」と理由を言って、むりに食べたり、飲んだりしなくてもいい。タバコがすいたい時は「（オ）。」と聞いてからすうが、食事のときは遠慮したほうがいい。もちろんあいさつも大切だ。ごはんを食べる前には「（カ）。」、食べた後には「（キ）。」と言う。

　ごちそうになった後、すぐ帰るのはよくない。ふつう食べた後20、30分話をして、それからタイミングをみて帰る。

（二）薬を買うこと

　　頭痛がしたり咳が出たりして、ちょっと風邪気味だなと思った時に、薬局で風邪薬を買う人は多いが、わざわざ病院へ行く人は少ないのではなかろうか。しかし、そんな時でも①病院に行ったほうが得なのである。というのも、薬局で販売している薬には消費税がかかっているが、病院でもらう医療用薬品にはからないからだ。また保険の関係で自分で支払う分も少なくてすむ。さらに薬そのものについて言うならば、医療用薬品に含まれる有効成分は、薬局で買う薬に比べて倍以上であるケースが多く、よく効く。しかしながら、私の場合、特に大きな病院になると②そうなのだが、あの長い待ち時間を考えると、どうしても薬局で風邪薬を買うことのほうが多くなる。

（三）手術ミス

　　N病院でまた手術ミスがあった。看護師が手術を受ける患者のカルテを間違えて担当医師に渡してしまったらしい。この病院は設備にかけては一流で、特に心臓外科では評判の高い病院だ。しかしこういうミスが続いてはたまらない。①人手不足もあるのだろうが、早く改善してミスをなくしてもらいたい。

　　我が家でも3年前、検査の失敗が原因で祖母が亡くなってしまった。医師が「ご本人には説明をしました」というばかりで、ミスを認めようともしなかった。

　　医者は一段高いところから、患者を見下ろしているのだろうか。もしそうだとすれば、②本当に残念なことだ。

単　語

（一）

遠慮（えんりょ）	（名・自他サ）	客气
背すじを伸ばす	（词组）	挺直背
割りばし（わりばし）	（名）	木筷子，卫生筷
突き刺す（つきさす）	（他五）	刺、扎

| 食器（しょっき） | （名） | 餐具、碗筷 |
| タイミング | （名） | 适时 |

（二）
| 頭痛（ずつう） | （名） | 头痛 |
| ケース | （名） | 事例，场合 |

（三）
| ミス | （名） | 错误、失误 |
| カルテ | （名） | 病历 |

文法

1. ～にかけては

"～にかけては"意思是"～に関しては""～の分野では"，谓语部分必须接"自信がある""一番～だ""非常に優れている"等表示优点的内容，意思是"就……而言""在……方面"。其接续为：名词。

○ あの人は野生動物の生態研究にかけては、知る人ぞ知る第一人者だ。
（他在野生动物的生态研究方面，是业内数一数二的人物。）

○ あなたを愛することにかけては、私は他の誰にも負けない。
（没有人比得上我爱你。）

○ 中国語にかけましては、いささか自信がございます。
（就汉语而言，我还是有些自信的。）

2. ～てはたまらない

意思是："如果……的话，可受不了"。"たまったもんじゃない"是其强调表达。其接续为：用言的て形。

○ こう寒くてはたまらない。
（这么冷可受不了。）

○ このうえ搾られてはたまったもんじゃない。
（再叫我出钱可受不了。）

○ わずかばかりの金でこんなに酷使されてはたまらない。
（为一点钱被人这么使唤，真受不了。）

3. ～気味

"気味"原本表示身心所受的令人讨厌的感触、感情。"～気味"充当结尾词，表示"身心稍微感到……"。大部分用于表达不满或评价不理想的情况，如"風邪気味""疲れ気味""下がり気味""上がり気味""遅れ気味"等。注意它和"～がち"的区别。其接续为：名词、动词的ます形。

○ 就職してからは、運動不足のせいか、少し肥り気味だ。
　（工作以来，或许由于运动不足，稍微有些胖。）
○ ちょっとやせ気味で、目つきの鋭い男でした。
　（他身材微瘦，目光尖锐。）
○ 彼女は離婚してから、少しヒステリー気味です。
　（她离婚后，有点歇斯底里。）
○ 一時は飛ぶ鳥を落とす勢いだったが、最近、A歌手の人気も下がり気味だねえ。
　（曾一时不可一世，不过最近A歌手的人气有些下降。）

 練 習

一、次ぎの漢字に振り仮名をつけなさい。

遠慮（　　）	食器（　　）	頭痛（　　）
左手（　　）	薬品（　　）	外科（　　）
訪問（　　）	場合（　　）	姿勢（　　）
右手（　　）	袋（　　）	薬局（　　）
保険（　　）	看護師（　　）	祖母（　　）

二、次ぎの片仮名に適当な漢字をかきなさい。

1. 背すじをノばす（　　）　　2. 箸をツきさす（　　）
3. 音をタてる（　　）　　4. 薬をハンバイする（　　）
5. ヒョウバンの高い病院（　　）　　6. 患者をミオろす（　　）
7. タタミの部屋（　　）　　8. ショウヒゼイがかかる（　　）
9. 時間をマチガえる（　　）　　10. カイゼンの必要がある（　　）

三、文章（一）を読んで、後の問いに答えなさい。答えは、①・②・③・④から最も適当なものを一つ選びなさい。

　問一　文中のア～ウに入れるのに最も適当なものを①～④の中から一つ選びな

さい。
　ア：
　　① 取って
　　② 出して
　　③ 持って
　　④ 通して
　イ：
　　① 渡す
　　② 送る
　　③ あげる
　　④ 出す
　ウ：
　　① 持ったりし
　　② 出したりし
　　③ 渡したりし
　　④ 取ったりし
　問二　文中のエ～キに入れるのに最も適当な話はどか、①～④の中から一つ選びなさい。
　エ：
　　① これはきらいなので
　　② これは食べたくないので
　　③ これは苦手なので
　　④ これはおいしくないので
　オ：
　　① 吸ってもいいですか
　　② 一本吸いたいですね
　　③ 吸いますか
　　④ 吸ってはいけませんか
　カ：
　　① では、食べましょう
　　② 失礼します
　　③ いただきます
　　④ 食べてもいいですか

キ：
① ありがとうございました
② 失礼しました
③ おいしかったです
④ ごちそうさまでした

問三　①「ので」という語の使い方が間違っているものを①～④の中から一つ選びなさい。
① 金がないので、少し貸してやった。
② 雨が降っているので、旅行するのを止める。
③ 用事があるので、どこへも遊びにいけない。
④ 危ないので、気をつけなさい。

問四　②「また」の使い方と同じものを①～④の中から一つ選びなさい。
① 彼は科学者であり、また詩人でもあります。
② どうぞまた来てください。
③ 今度の試験もまた失敗しました。
④ 昨日読んだ新聞をまた読んでいます。

問五　③「その」は何を指すか、最も適当なものを①～④の中から一つ選びなさい。
① はしの使い方
② はしの正しい使い方
③ はしの正しくない使い方
④ 食事をする時の姿勢

問六　この文章の内容と合うものはどれか、①～⑤の中から一つ選びなさい。
① はしを使う手でちゃわんを持ってはいけない。
② 和食の場合、こしかけて食べることがすくない。
③ 日本ではうどんやそばを音を立てて食べたほうがいい。
④ きらいな食べ物があるときは、食べたほうがいい。
⑤ 食器に顔を近づけてはいけないので、ちゃわんを持って食べるのもよくない。

四、文章（二）を読んで、次ぎの問いに対する最も適当な答えを①・②・③・④から一つ選びなさい。
問一　①「病院に行ったほうが得なのである」とあるが、なぜか。

① 薬局の薬は効果がないから。
② 薬局の薬のほうが高いから。
③ 病院の薬のほうが税金が安いから。
④ 病院の薬はお金を払わなくてすむから。

問二 ②「そう」とあるが、ここではどういうことか。
① 病院でもらう薬はより効くこと。
② 病院でもらう薬は安いこと。
③ 薬局で風邪薬を買うこと。
④ 長い時間待たされること。

五、文章（三）を読んで、次ぎの問いに対する最も適当な答えを①・②・③・④から一つ選びなさい。

問一 ①「人手不足もあるのだろう」とあるが、筆者の考えに最も近いのはどれか。
① ミスが続く原因は人手も設備も十分ではないからだ。
② 人手不足はミスが続く原因の一つかも知れない。
③ 人手が十分でもミスが続くこともある。
④ ミスが続くと人手不足になるだろう。

問二 ②「本当に残念なことだ」とあるが、何が残念なのか。
① 検査が失敗したこと。
② 祖母が死んでしまったこと。
③ 医師が失敗を認めようとしなかったこと。
④ 医師が高いところから患者を見下ろしていること。

読解技法

阅读方法和解题技巧

阅读方法因人而异，一般通用的阅读方法是：

第一步，大处着手、判断主题：看文章标题、出处、作者信息、单词注释、图示图表；看文章开头、结尾、各段落第一句，判断文章的主旨、中心思想。然后，看设问问题（粗看，不看选项、不求答案），判断问题类型并标记问题类型，确定阅读要点，圈划对象。

第二步，由粗至细、理解文章：看文章细节，包括文章连接词、指示词、因果关系信号词等，进一步理解文章所采用的论述、说明的方法，判断文章结构、论点、论据所在，圈划相关时间、相关地点、相关人物、主题句、段落结论、解答要点等。

第三步，由简到繁、选定答题顺序：在阅读上述内容后，可根据问题先后回答问题，也可按先易后难的顺序答题。

总之，阅读能力考试的题型都采用客观性多项选择题型，题型相对稳定，一般有九种左右，主要是：

（1）主题、主旨题（文章的主要内容、话题、中心思想）；
（2）指示题（コ・ソ・ア・ド系列及前后文所指）；
（3）词汇・语句填空题（句首填空、句中填空、句尾填空）；
（4）语句释义题（词语在文章中的意思）；
（5）因果关系题；
（6）细节题（时间、地点、讲话人）；
（7）正误判断题；
（8）排列顺序题；
（9）图示图表题。

这些题型各有不同的命题目的，因而也有相应的答题要求和解题技巧。考生必须熟悉各种题目的提问方式，以便快速、准确地认定题目的题型，判断各题型的解题要点，并根据解题要点在文章中寻找答案。

言語文化コラム

内と外

「内と外」と言えば、第一に、自分の「家庭」とその外側にある「社会」を意味します。「家」という漢字を「うち」と読むのは、そのことを象徴的に表しています。

日本人にとって、一番初めに出会う「内」は自分の「家」ですが、そのあと成長するにしたがって、だんだん学校や会社など自分が所属している組織を「内」と意識するようになり、「うちの会社」「うちの学校」というようになります。そして、「内」以外の人や組織を、「外」と考えるのです。「外」はまた「よそ」とも言います。

第四課

　子どもの頃は、友だちの家庭をうらやましいと思うことがよくありますが、「〇〇くんは新しいゲームを買ってもらった」というような話しを聞いて、自分の親に「ぼくが欲しい！」とねだった経験は誰にでもあるでしょう。そんな時の日本の親の「決まり文句」が例1です。
　例1：子ども：「お母さん、あのおもちゃ買ってよ。みんな持ってるんだよ」
　　　　母親：「よそはよそ、うちはうち！がまんしなさい！」
　例2：先生、こんにちは。うちの子どもがいつもお世話になっています。
　大人になっても、自分の家庭はもちろん内ですが、自分と同じ会社の人も「うちの会社の人」と言い、会社の中でも同じ部署の人は「うちの部の人」、ほかの部署の人は「よその部の人」になります。そして同じの部署の中でも、自分と同じプロジェクトチームの人は「うちのチームの人」、ほかのプロジェクトチームの人は「よそのチームの人」となります。
　例3：うちの会社はよその会社と比べて給料がいい。
　例4：そっちの部長は優しくていいなあ。うちの部長なんていつも怒ってばかりで大変だよ。
　このように、内と外自分が所属する集団の枠組みの変化によって、その場で変わります。
　例えば、ある組織で何か事件が起きたときに、それを身内（内部の関係者）だけで処理することを、「うちうちで片付ける」と言います。これは、外には情報を出さない、という意味です。
　また、普段は着ないようなきれいな服をよそ行きの服と言ったり、親しい相手なのに距離があるような態度をとることを、「よそよそしい」と言ったりします。どちらの言葉も文字通り、よそ（外）のに行くときの服、よそ（外）の人に対してとるような態度、という意味です。
　例5：もう長いつきあいなんだ、いつまでもそんなによそよそしい話し方をしないで、もっとくだけだ話し方をしてよ。
　敬語は、目上の人やあまり親しくない人に使う場合は丁寧に聞こえる話し方ですが、基本的には「よそ行き」の言葉です。そのため、親しくなったのにいつまでも敬語使っていると、相手にとっては、親しみを感じない態度に見えてしまいます。しかし、あまり親しくないのに、親しそうにするのもなれなれしいと嫌がられるかもしれません。
　日本人にとって内と外というのは、自分の言葉づかいや態度、行動を決定する上で、非常に重要な基準なのです。
　哲学者の和辻哲郎はその著『風土』の中で、妻が夫のことを「うちの人」と呼び、夫が妻のことを「家内」と呼ぶ日本の例を出して、このように「うち」と「そと」の区別は、ヨーロッパの言語には見いだすことができないと言

っている。また、社会人類学者の中根千枝は、著書『タテ社会の人間関係』の中で、日本人の内と外の意識は、組織の一体感を強めるものだが、その反面、同じ組織以外人の人を排除することにもなると言っている。

　日本語には、「内」と「外」を使った表現がいろいろある。

　「内輪の事情を外に漏らす」（＝自分の所属している組織の中の事情を、それ以外の人に言うこと）

　「内弁慶は」（家庭の中や会社の中では強いが、その「外」に出ると弱い人。「弁慶」は、非常に強い力を持っていた といわれる平安時代末期の僧）

　「内祝い」（＝家族や親しい者だけで祝うこと）

　「外面がいい」（＝「内」のに対しては態度がよくないのに、「外」に対してはいい表情をしたり、優しい態度をとったりすること）

　これらの言葉からもわかるように、日本人は「内と外」をはっきりと区別する感覚が非常に鋭い。それは、つまり、「けじめ」をつけることでもある。

第五課

――――（一） 日本人の労働時間 ――――

　日本人に個性がないということはよく言われていることだけれど、今世界的に、一週間、あるいは年間にどれだけ働くか、ということについて、常識的な申し合わせが行なわれていることには、私は①いつも違和感を覚えている。

　私は毎年、身体障害者の方たちとイスラエルやイタリアなどに巡礼の旅をしているが、一昨年はシナイ山に上った。盲人も六人、ボランティアの助力を得て頂上を究めた。

　普段、数十歩しか歩けない車椅子の人にも、頂上への道を少しでも歩いてもらった。②障害者にとっての頂上は、決して現実の山の頂きではない。もし普段百歩しか歩けない障害者が、頑張ってその日に限り、山道を二百歩歩いて力尽きたら、③そこそこがその人にとっての光栄ある山頂なのである。

　④人間が週に何時間働くべきか、ということにも、ひとりひとりの適切な時間があると思う。労働時間を一律に決めなければならない、とするのは専門職ではない、未熟練労働に対する基準としてのみ有効である。

　未熟練労働者の場合は、時間あたりの労働賃金をできるだけ高くし、それによって労働時間を短縮しようとして当然である。

　しかし、⑤専門職と呼ばれる仕事に従事する人は、労働報酬の時間あたりの金額など、ほとんど問題外だ。

　私は小説家だが、小説家の仕事も専門職に属するから、一つの作品のためにどれだけ時間をかけようと勝手である。短編をほんの二、三時間で書いてしまうこともあるし、十年、二十年と資料を集め調べ続けてやっと完成するものもある。一つの⑥作品に私がどれだけの時間や労力や調査費をかけようが、昼夜何時間ずつ働こうが、それは私がプロである以上、自由である。

　日本の社会の中には、職場の同僚がお互いに⑦牽制するので、取ってもいいはずの休みも取れない人が確かにかなりいる。小さな会社の社長に頼みこまれると、したくもない残業をしなければならなくなる社員もいる。そうしないと会社が潰れて失職することが⑧目に見えているからである。その結果「過労死」などとい

うことも稀には起きることになる。

　しかし、日本人の中には、仕事が趣味という人も実に多い。ブルーカラーと呼ばれている人たちの中にさえ、どうしたら仕事の能率が上がるか考えている人はざらである。趣味になりかけているものが、たまたま会社の仕事だから、時間が来たら帰らねばならない、というのもおかしなことだ。それは⑨プロの楽しみを妨げることであって、一種の個人の自由の束縛というものである。

　ただそれほど働きたくない人は仕事をしない自由を完全に守れるように、社会は体制を作り変えるべきである。

（二）　傘をさすこと

　日本にいると、雨が降れば傘をさすことはごく当たり前のことのように思えますが、世界の国々ではけっして①そうではありません。ある国ではスコールとかシャワーのような非常に強い雨が短時間に降りますが、そういう雨はあまりに強すぎて傘をさしても意味がなく、どこかで雨宿りをして、雨が通り過ぎ、降り止むのを待つほうがずっと簡単です。また弱い雨がしとしとと長時間降り続ける国では、傘をわざわざさすこともなく、コートを着て帽子でもかぶって歩いていれば十分です。もちろん、日本にも②こういった雨は降りますが、弱い雨が長時間降る中でも時々強い雨が降りますし、傘もさせないほどの強さではないにしても、かなり強い雨が1時間以上も降ると、雨宿りをして待てばよいというわけにはいきません。私も、若い頃初めて海外に行った時、雨の中を傘もささずに平気で歩いている人が多いことにずいぶん驚いたものです。もっとも、世界的に傘もおしゃれの一部であることが多くなり、③雨の降り方との関係もあいまいになってきたようです。

（三）　農村男性の悩み

　日本では、農村の男性と結婚して、農業を一緒にやろうという女性が年々少なくなってきています。①そのため、農村の若い男性は結婚の相手がいなくて困っています。そこで、秋田県で農業をしている青年5人が東京の青山通り、渋谷駅前、

代々木公園、原宿などでデモ行進を行いました。青年たちは農作業姿で、トラクターに乗り、のぼりを持って進行しました。のぼりには「お嫁のおいで、まごころ秋田へ」、「きょう午後3時あなたに会いたい――日本青年館で」などと書いてありました。

デモ進行を見て、女性が集まった場合、午後には青年館で集団見合いをして、②それから原宿でデート、夜はパーティーを開いて楽しく過ごそうという計画ですが、何人女性が集まるかはまったく分からないということです。

単 語

(一)

申し合わせ（もうしあわせ）	(名)	协定，约定
違和感（いわかん）	(名)	违和感，不协调之感
イスラエル	(名)	以色列
巡礼（じゅんれい）	(名・自サ)	巡礼，朝拜圣地
シナイ山（しないさん）	(名)	西奈山
究める（きわめる）	(他下一)	到达极限，攀登到顶
力尽きる（ちからつきる）	(自上一)	筋疲力尽
一律（いちりつ）	(名・形動)	一律，一样、同样
プロ	(名)	专业、职业
牽制（けんせい）	(名・他サ)	牵制、制约
ブルーカラー	(名)	蓝领、体力劳动者
ざら	(形動)	常见、屡见不鲜
妨げる（さまたげる）	(他下一)	妨碍、阻挠
束縛（そくばく）	(名・他サ)	束缚、限制

(二)

スコール	(名)	（热带地区特有的）急风骤雨
雨宿り（あまやどり）	(名・自サ)	避雨
降り止む（ふりやむ）	(自五)	（雨、雪）停止
しとしとと	(副)	淅淅沥沥
平気（へいき）	(形動)	不在乎，镇静

（三）

デモ	（名）	游行
トラクター	（名）	拖拉机，牵引车
のぼり	（名）	旗帜

文法

1. ～あたり

    表示："每……""平均"。其接续为：数量名词。
○ 一ヶ月あたりの生産高を向上させたいんです。
    （想提高月平均产量。）
○ 10日間で1万円もらったから、1日当たり千円になる。
    （10天领了一万日元，平均每天一千日元。）

2. ～（よ）うが／～（よ）うと／～かろうが／～かろうと

    表示："不管……"。其接续为：名词、形容动词＋だろう／であろうと；动词的未然性＋～（よ）うが；形容词的词干＋かろう。
○ 何があろうと、決して驚いてはいけないよ。
    （不管发生什么事，都绝不可惊慌。）
○ 人に何と言われようが、気にすることはない。
    （不管别人说什么，都不要在意。）
○ どんなに高かろうと、どうしても手に入れたいんだ。
    （不管有多贵，都想买。）
○ 私が誰と結婚しようが、あなたにとやかく言われる筋合いはないわ。
    （不管和谁结婚，都用不着你来说我。）
○ 何をしようと君の自由だが、僕の邪魔だけはしないでくれ。
    （做什么是你的自由，只是不要妨碍我。）

3. ～ず（に）

    "～ず"是"～ない"的古语，用于否定，表示："不……"。其接续为：动词的未然形。
○ 彼は脇目もふらずに、研究に打ち込んでいる。
    （他聚精会神地钻研。）
○ 二人の間には、知らず知らずのうちに、愛が芽生えていた。

（両人之間不知不覚萌生了愛意。）

〇 勉強もせずに遊んでばかりいると、また来年も浪人するわよ。
（不学习净玩，明年还是要落榜的。）

〇 すぐに人に頼らず、先ず自分の力でやってみることだ。
（不要马上依靠别人，先亲自做一下试试。）

練 習

一、次ぎの漢字に振り仮名をつけなさい。

違和感（　　　）　　巡礼（　　　）　　牽制（　　　）
束縛（　　　）　　　平気（　　　）　　行進（　　　）
頂上（　　　）　　　盲人（　　　）　　未熟（　　　）
能率（　　　）　　　失職（　　　）　　報酬（　　　）
雨宿り（　　　）　　帽子（　　　）　　関係（　　　）

二、次ぎの片仮名に適当な漢字をかきなさい。

1. 頂上をキワめる（　　　）　2. 楽しみをサマタげる（　　　）
3. ゲンジツの山（　　　）　　4. イチリツに決めなければならない（　　　）
5. 職場のドウリョウ（　　　）　6. 社長にタノみこまれる（　　　）
7. タイセイを作り変える（　　　）　8. 雨が降りヤむ（　　　）
9. 集団ミアイ（　　　）　　　10. ケイカクを立てる（　　　）

三、文章（一）を読んで、後の問いに答えなさい。答えは、①・②・③・④から最も適当なものを一つ選びなさい。

問一　①「いつも違和感を覚えている」とはなぜか、もっとも適当なものを次から一つ選びなさい。
　① 日本人に個性がないと言われているから。
　② 世界的に労働時間が決められているから。
　③ 適切な労働時間は人によって異なるから。
　④ 未熟練労働に時間基準を設けているから。

問二　②「障害者にとっての頂上は、決して現実の山の頂きではない」とあるが、それはなぜか、もっとも適当なものを次から一つ選びなさい。

① 障害者にとって少し上っただけでは、現実の山頂に上ったとは言えないから。
② 障害者にとって少し上っただけでも、現実の山頂に登ったのと同じだから。
③ 障害者にとっての山頂は現実の山頂よりもずっと高いものだから。
④ 障害者にとっての山頂は現実の山頂よりもずっと低いものだから。

問三 ③「そこ」は何を指しているのか、最も適当なものを一つ選びなさい。
① 百歩歩いたところ
② シナイ山の山頂
③ 力尽きたところ
④ 現実の山の頂

問四 ④「人間が週に何時間働くべきか、ということにも、ひとりひとりの適切な時間があると思う」のはなぜなのか、最も適当なものを次から一つ選びなさい。
① 未熟練労働者か専門職かで労働時間に対する考え方が違うから。
② 労働報酬の時間あたりの金額を高くしなければならないから。
③ 未熟練労働者は長時間働かなければならないから。
④ 小説家は専門職だから。

問五 ⑤「専門職と呼ばれる仕事に従事する人は、労働報酬の時間あたりの金額など、ほとんど問題外だ」とあるが、それはなぜなのか、最も適当なものを一つ選びなさい。
① 専門職の人は、満足できるまですればよいから。
② 専門職の人は、労働の時間を短縮できないから。
③ 専門職の人は、よりよい文章を書けばよいから。
④ 専門職の人は、よりよい仕事をすればよいから。

問六 ⑥「作品」とあるが、ここで言う「作品」とは、どんなものか、最も適当なものを一つ選びなさい。
① 二、三時間だけかけて書く短編
② 十年、二十年もかけて書く短編
③ 自分が満足できるまで書く短編
④ 読者が満足できるまで書く短編

問七 ⑦「牽制する」とあるが、一体これは本文中でどういう意味で使われて

いるか、最も適当なものを次から一つ選びなさい。
　①　相手の注意を自分の望む方に引きつけることによって、自由に行動できないようにすること。
　②　相手が配慮することによって、自分が望む方に自由に行動できないようにされてしまうこと。
　③　他人のことを自分の望む方にひきつけることによって、自由に行動できないようにすること。
　④　専門職の人は、よりよい仕事をすればよいから。
　問八　⑧「目に見えている」とは本文中でどういう意味で使われているのか、最も適当なものを次から一つ選びなさい。
　①　事情がよく見られる。
　②　事情が簡単に分る。
　③　他人がよく眺めやる。
　④　目にして知っている。
　問九　⑨「プロの楽しみ」とはどういうことか、最も適当なものを次から一つ選びなさい。
　①　専門職の作家が小説を趣味として書くこと。
　②　仕事と趣味を互いに妨げなく両立させること。
　③　納得のいく仕事をするために時間をかけること。
　④　社長に頼みこまれてしたくもない残業をすること。
　問十　筆者の主張に合っているものはどれか、最も適当なものを次から一つ選びなさい。
　①　職場の同僚に遠慮せずに休みはできるだけ取るべきだ。
　②　長時間働くのも、あまり仕事をしないのも、個人の自由だ。
　③　仕事が趣味の人も時間が来たら仕事を止めて帰らなければならない。
　④　労働時間の短縮は世界の流行だから、日本人ももっと休んで過労死を防ぐべきだ。

四、文章（二）を読んで、次ぎの問いに対する最も適当な答えを①・②・③・④から一つ選びなさい。
　問一　①「そう」は何を指しているのか。
　①　雨が降れば傘をさすこと。

②　雨が降っても傘をささないこと。
③　雨が降った時は雨宿りをすること。
④　雨が降ったらコートを着て帽子をかぶること。

問二　②「こういった雨」とはどんな雨か。
①　雨宿りして止むのを待つ長時間降る強い雨
②　傘が使えないほど強い雨
③　短時間降る弱い雨
④　長時間降る弱い雨

問三　③「雨の降り方との関係もあいまいになってきた」とあるが、雨の降り方と何との関係があいまいになってきたのか。
①　雨宿りの方法との関係
②　傘のさし方との関係
③　おしゃれの仕方との関係
④　雨が降り続ける時間との関係

五、文章（三）を読んで、次ぎの問いに対する最も適当な答えを①・②・③・④から一つ選びなさい。

問一　①「そのため」、何のためとはですか。
①　デモ進行をするため。
②　秋田県で農業をするため。
③　農村の男性と結婚する女性が少ないため。
④　農村の女性が会いに来ないため。

問二　②「それから」とは何をしてからか。
①　結婚してから。
②　トラックに乗ってから。
③　パーティーを開いてから。
④　集団見合いをしてから。

読解類型分析

　　社会学是一门研究社会事实（客观事实：社会行为、社会结构、社会问题等；主观事实：人性、社会学心理等）并拥有多重范式的学科。主要有科学主义的

实证论的定量方法和人文主义的理解方法，它们相互对立又相互联系，发展及完善为一套有关人类社会结构及活动的知识体系，并以运用这些知识去寻求或改善社会福利为主要目标。社会学的研究范围广泛，包括微观层级的社会行动或人际互动至宏观层级的社会系统结构。

通过对近14年来的日语专业四级考试中49篇阅读的分析，我们发现，涉及社会学的篇幅比重较大，共出现7篇，并且逐年增多。出现的年份分别是在2005年、2008年、2009年、2010年、2014年、2015年。如图所示：

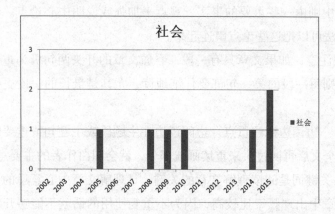

其中，长篇有三篇，分别出现在2005年、2009年、2015年，其余四篇是短篇。面对复杂多变的社会，我们有必要充分了解和认知社会的机能、变迁及种种现象和隐藏其中的文化奥秘。特别是对于接触两种社会文化的外语专业学生来说，在国际化视野下，通过比较，可以更便捷、更充分地认知不同的社会现象。

読解技法

寻找中心思想（关键词与主旨）

阅读理解首先是对文章主旨和大意的理解，它是全文的概括与总结，能否抓住这个中心，体现了读者是否具有总结、概括和归纳事物的能力。每篇短文都有主题思想，而作者表现主题思想的手法各不相同。一篇文章虽然能提供很多信息，但其中心思想只有一个，其它细节均是围绕并说明这个中心思想的。在阅读理解考试中，经常要求应试者归纳出文章或段落的中心思想。这类问题都是为了考查考生识别中心论点、主题思想的能力。一般来说，说明文或议论文都有一个中心论点。在做这类题目时可采用两个步骤：

第一步：快速有重点地浏览全文。对整篇文章的内容先要有一个整体的概

念，把握全文的大意和重点，了解文章的结构、逻辑关系、问题的指向等。在快速的浏览中不纠缠文章中无关主旨的细节(如某些数字或专有名词等)，以保持阅读的连贯性，把注意力集中于主题句的关键词语上，以寻找并确定中心论点。任何一篇文章都会有主题思想，而大多数文章的主题思想是通过一个句子来表达，这就是主题句。中心论点一般由主题段或主题句来表达。往往一篇文章的开头就是主题段，而每一段的第一句为主题句，有时主题句也会出现在段尾或中间，有时根本就没有主题句，而是由一些关键词来暗示文章的主题。另外，在其他段落中则由一些重要的事实、观点来加强或说明中心论点。快速、跳跃式的阅读方法可以把这些论点串连起来。

要特别注意，如果文章只有一段，看懂文章的开头两句极为重要。如果文章有几段，则每一段的第一句都要仔细地读，尤其是最长的一段更要注意它的主要内容。

第二步：边读边标注重点。边阅读边在主题段或主题句或重要的词句下面画线，读完全文后再回过头来重读画线部分，就会明白作者的主要意图。

文章中关键词是阅读理解文章的关键，是理解文章中心意思的关键，关键词一般在文章中出现频率比较高，因为不重复使用的话就不能够开展话题，不能深入进行话题的讨论，利用关键词可以推断出文章的主题或主旨。

例1：

日本では、契約は極端な法律の問題に限られ、裁判沙汰にならない範囲では、すなわち、社会習慣としては、西欧的な契約はほとんど機能しないといっても過言ではなかろう。契約は、一つの約束の形であるが、日本での約束は、その形を取らないのである。言い換えれば、そうした社会習慣がないのである。ということは、社会の構造が異なっているのである。なぜ、日本では約束が契約という形を取らないか、ということは興味ある問題である。

【問い】：この文章は何について述べているか。

①社会習慣
②法律沙汰
③契約
④社会構造

关键词与文章主题、主旨的这种对应关系同样是准确理解文章、正确解答题目的重要参照。借助关键词词频法，可参照判断文章主题、解答文章主题、主旨题。

解題步骤 1：选项中的关键词有：社会習慣、法律沙汰、契約、社会構造。

解題步骤 2：以上关键词在文章中的使用次数：社会習慣（2）、法律沙汰（1）、契約（7）、社会構造（1）。

解題步骤 3：关键词的使用次数依次是"契約（約束）"7次，"社会習慣"2次，"法律沙汰"1次，"社会構造"1次。

统计关键词在文章中的使用次数，要注意统计与此关键词相近的同义、近义词或替换说法以及此关键词的下位概念用语。如本文中的"契約"在文章中的使用次数是4次，其同义词"約束"有3次，共计7次。

正解：③。

例2：

公共投資とは道路、港湾、下水道、公園、住宅など国民に広く利用される施設を整備するために、国や地方自治体が資金を投入することです。そうした公共投資が、財政支出の中で、最も景気刺激効果があると言われています。その理由は大きく分けて二つあります。

一つは公共投資をいったん行なうと、次から次に新しい需要を誘い出すことです。例えば、公営住宅の建設を考えて見ましょう。これで潤うのは住宅業界だけではありません。鉄骨、アルミサッチ、セメントなどの業界のほか、新しい家が出来れば新しい家具、家電などの需要も出てきます。このように家を新築すれば、その波及効果はさまざまな産業に及びます。

公共投資が大きな景気刺激効果を持っているもう一つの理由は、公共投資の中に道路、空港、港湾、橋などの生産基盤の整備が多く含まれており、これらが、民間の経済活動を活発させる働きをしていることです。公共投資には民間企業の生産力を高まる効果もあるわけです。

問い：文章の題として適当なのはつぎのどれか。

①景気刺激

②新しい需要

③公共投資

④生産基準の整備

从文章中统计一下这四项的出现频率，①、②、④各1次，③为6次。正确答案应该是③。本文的主题是探讨"公共投资"对经济增长和提高民间生产力的影响。

在寻找主题或做主旨题时，还要注意下列问题：

（1）在候选答案的四项中，哪一项文章中出现的频率比较高。这要在粗读文章后才能大致判断出来。
（2）如果几个选项出现频率都比较高，要看文章内容和哪一项比较接近。
（3）关键词包括同义词和近义词，还包括关键词的下位词。
（4）利用关键词出现的频率来判断主题的方法简便、易于操作，是快速判断主题的好方法。但并不是绝对的，读者还要根据不同文章，结合其他方法来寻找。

言語文化コラム

世　間

　「世間」とは、具体的な場所や人を指すのではなく、自分が属している社会、つまり、家族ではない人と人とが、お互いた関係しながら仕事をしたり、生活をしたりしているところ、というような広い意味を持つ言葉です。「世間」を簡単に言うと、家以外の人々、つまり「外」の人たちとも言えるでしょう（「内と外」）。

　例えば、日本人は、何か事件を起こしたときに、「世間に顔向けできない」とか、「世間に笑われる」などとよく言います。この場合の「世間」とは、家族や身内以外の人、という意味です。

　また、政治や社会のニュースなどで、よく「世間の声」や「世間が許さない」という表現が使われます。この場合の「世間」とは、日本の国民全体や、日本の社会全体を意味しています。

　例1：そんな行動は、家族は認めても、世間が許さないだろう。
　例2：大学生にもなって、そんな世間知らずなことを言うと笑われる。
　例3：たとえ世間を敵に回しても、私は自分の考えを貫きます。

　「世間知らず」というのは、社会や世の中の決まりを知らないまま生きている人を、批判する言葉です。ふつう、そういう社会や世の中の習慣や決まりごとは、小さいときから家庭で学ぶものですから、それができないのは、家庭での「しつけが悪い」ということになります。

　つまり、日本語の「世間」という言葉の裏のには、必ず家、あるいは家族、身内という考え方があり、「世間」と家は、対立した関係にあると言ってもいいでしょう。日本人は他人との関係を意識して行動しすることが多いため、「世間」を使った表現はたくさんあります。

　「渡る世間に鬼はなし」（＝世の中は悪い人ばかりではない）
　「世間の風は冷たい」（＝家の中は住みやすく暖かいのに対して、社会は厳しい）

「世間に顔向けできない」（＝何か悪いことをしたので、世間に対して恥しずかしい思いをする）

このように、日本人は、世間が家や自分をどう見ているかとても気にしています。次の表現にある「家」や「親」という言葉には、「世間に対する家」、「世間から見た家」という意識が根底にあります。

「家名に傷がつく」（＝家のメンバーの一人によって、家全体の名誉が汚される）

「親の顔に泥を塗る」（＝子どもが何か悪いことをしたため、親の名誉が汚される）

現代では、昔ほど「家」という考え方は強くなくなっていますが、日本人の行動や考え方の中には、「世間」と「家」の二つの意識があると言えるでしょう。

現代日本語の「人間」は「人」とほとんど同じような意味を持っているが、もともと「人」という意味はなかった。本来、「人間」は「じんかん」か読み、「人と人の間」、「人の世」を指す言葉だった。現代中国語でも、「人間」は「世間」、「世の中」を意味していて、「人」そのものの意味はない。

では、なぜ日本語では「人間」が「人」と同じ意味で使われるようになったのだろうか。

そのことに着目したのは哲学者の和辻哲郎である。彼は著書『人間の学として倫理学』の中で、人は世間・世の中にあって、つまり人間関係において初め「人」となるため、人間を「世間」と「人」の二重の意味に使うことは、人間の本質をもっともよく言い表したものであると言っている。人は、個人であるとともに社会的な存在であり、日本語の「人間」という言葉は、人と人との間柄に生きるものとしての「人」を指している、と言うのである。

第六課

（一）　空間論と時間論

　関係者との話し合いの際に、同じ空間で考えることが必要である。一般的に、人は自分の利益だけでものを考えようとする。相手のほうも相手の利益で考える。これは①同じ空間にいないということである。同じ空間にいないと、同じ回答はなかなか出しにくい。だから、交渉をまとめるためには、両方ともが同じ空間にいて考える必要がある。日米関係にしても、日本とアメリカを全部入れたような空間を前提にして、②そこで考えないとなかなか共通の答えが出てきにくい。③対象として取り上げる空間を同じにするという手続きが、たいへん重要である。

　たとえば、公害問題の処理で企業が考えている空間と、地域住民が考えている空間とにはちがいがある。④そこで行動もちがっている。その二つを同じ大きさの空間に入れて、おたがいに話し合うことができれば、答えもある程度、以前よりは近づくことができるはずである。

　空間の大きさについて述べたような考え方は、実は時間についても同じでなければなれない。人間の処理能力がふえるにしたがって、時間を伸ばして考えることが必要である。むかし、今夜の食事が満足にとれるかどうかすら不確定だったときには、とても一年先のことは考えられなかった。いまは、しばらくは⑤損をしても何とかやりくりがつくようになった。そうすると、やはり長期の利益を目指すようにしなければならない。そうしないと、相手との間に摩擦を起こす。⑥能力に応じて利益を考える時間の幅も延ばして、短期の利益から長期の利益へという考え方にしなければならない。

　（中略）

　さらに空間の場合と同じように、時間を合わせる方法が必要である。たとえば、自然は、非常に長い時間のきざみで動いている。技術は短い時間で動いている。あるいは時間を短くするのが技術発展そのものだ、と長い間考えられていた。反応時間を短くして生産量をふやす、あるいは速度をはやくして目的地点に早くつくようにする——これが技術発展だと考えられていた。だから技術進歩というのは、時間を短くすることであったと（　⑦　）。しかし、技術だけが時間を短く

しても、結局は技術は自然に依存しているのであって、自然の時間を無視することはできない。自然に依存するとは、⑧自然の時間を尊重するということでなければならない。

　（　⑨　）、技術と自然との関係でいっても、時間を合わせなくてはいけない。そして自然が処理できない分については、技術のほうで自然の手伝いをして、時間が合うようにしなければならない。空間の大きさを合わせるのと同じように、このような⑩時間を合わせる手続きが必要になる。排出ガスや工場排水が自然の処理能力、浄化能力を上回る可能性がある場合には、自然の浄化能力でまかなえる程度にまでの汚水の水準に、工場内で処理して排出することが、時間合わせのための必要な措置なのである。

（二）　習慣の根強さ

　こうした子供の時からの習慣がいかに根強いものであるかは外国で長く暮らした人の多くが体験したことだろうと思う。相当に長く滞在してパン食はじめ外国食になれてしまったようにみえる日本人でも、病気のとき、気分のすぐれないときにはやはり米を食べたくなるものらしい。ところがその反面、戦中戦後の米不足時代、子供のときからパン食で育ってきたいまの青年層となるとパン食の方がずっと好まれ、たやすく受け入れられている。このように食物というものは長期にわたる飲食の文化的な形成ということを条件としてはじめて受け入れられるのであり、そのために食生活の変化ということはたいへん困難なのだ。

（三）　贅沢な日本青年

　アメリカの青年男女が日本の青年達より服装に金をかけず、豪華なレストランなどへもあまりいかないのは、18歳以降は親から独立して生活するべきだという社会規範が強く、経済的に貧しいからである。アパート代はアメリカでも高く、独立している青年たちは堅実で、贅沢は中年以降の男女か、あるいは法律家やビジネススクール出のコンサルタントなど高収入の専門職についている人々である。　（中略）

それに対して日本の親掛かりの大学生やOLは、自分のアルバイトや給料をすべてこづかいとして自由にできるが、いうまでもなくこのような栄華は期限付きである。いつかは親のかわりに扶養してくれる男性、身の回りを世話してくれる女性と結婚しなければならず、とうてい自立しているとは言えない。

単語

（一）

回答（かいとう）	（名）	答复、回答
交渉（こうしょう）	（名）	谈判、交涉
やりくり	（名）	设法安排，勉强筹划
きざみ	（名）	刻纹，时刻
反応（はんのう）	（名・自サ）	反应
依存（いぞん）	（名・自サ）	依存、依靠
浄化（じょうか）	（名・他サ）	净化，纯洁化，明朗化
上回る（うわまわる）	（自五）	超过，越出
まかなう	（他五）	维持，供应

（二）

根強い（ねづよい）	（形）	根深蒂固
滞在（たいざい）	（名、自サ）	逗留
容易い（たやすい）	（形）	容易

（三）

堅実（けんじつ）	（形動）	牢靠，稳健
ビジネススクール	（名）	商业学校
コンサルタント	（名）	顾问
親掛かり（おやがかり）	（名）	依靠父母生活

文法

1. ～かわりに

　　"かわる"可以写成"換わる""替わる""代わる""変わる"等汉字,含义丰富。"～かわりに"大致有"代替（某人）做……""取代……、拿……充当""虽然……""作

为交换……"4个含义。另外，当表示"代替（某人）做……"含义的时候，也可以使用句型"名词+にかわって"代替。其接续为：名词+の；用言的连体形。

○ この仕事は君の方が適任だ。僕のかわりに君がやってくれないだろうか。

（这个工作你能胜任，你来代我做一下怎么样？）

○ 「戦時中はご飯のかわりにさつまいもを食べた」という話を母から聞いたことがある。

（曾听母亲说，"战争的时候拿甘薯当饭吃"。）

○ このアパートは駅に近くて便利なかわりに、家賃が高いのが玉に瑕だ。

（这家公寓距离车站近又方便，不过美中不足的是房价高。）

○ この種の商売は儲けも大きいかわりに、リスクも大きい。

（这种行业利润大，不过风险也大。）

○ 先日おごってもらったかわりに、今日は僕がおごるよ。

（前几天您请的客，今天我来请客。）

2. ～に従って

"Aに従ってB"表示随着A的变化，B也跟着变化。"～につれて""～とともに""～に伴って"等含义基本相同。"～に従って"强调因果关系。其接续为：名词；动词原形。

○ 時代の流れに逆らわず、流れに従って生きることも覚えなさい。

（也请记住，不要逆时代的潮流，要顺应潮流活着。）

○ 人は経験を積むに従って、思慮深くなる。

（人的经历越多，思虑越深。）

○ 研究が進むに従って、人間の脳の持つ奥知れぬ神秘な世界が明らかになってきた。

（随着研究的推进，人类大脑中不为人知的神秘世界明朗起来了。）

○ 上流に行くに従って、川幅が狭くなり、流れも急になってきた。

（越往上游走，河的宽度越窄，水流越急。）

3. ～かどうか/～か否か

"～か否か"是书面表达，"～かどうか"是口语表达。表示："是否……"。其接续为：名词、动词、形容词的终止形、形容动词的词干。

○ それが事実かどうか、調査する必要がある。

（那是不是事实，需要调查。）

○ 賛成か否か、自分の意見をはっきり言いなさい。どっちつかずは卑怯です。

（请明确表达自己的意见是赞成还是不赞成。不置可否真可耻。）
〇 原発を存続させるか否かをめぐって、国論は真っ二つに割れている。
　　（围绕要不要保留核电，舆论分为针锋相对的两派。）
〇 やるか否かは、状況如何にかかっている。
　　（要不要干，视情况而定。）
〇 この製品が売れるかどうかは、宣伝が充分かどうかにかかっている。
　　（这种产品畅不畅销，与宣传充不充分有关。）

一、次ぎの漢字に振り仮名をつけなさい。

回答（　　　）　　交渉（　　　）　　対象（　　　）
反応（　　　）　　技術（　　　）　　根強い（　　　）
滞在（　　　）　　体験（　　　）　　食欲（　　　）
親掛かり（　　　）　堅実（　　　）　　栄華（　　　）

二、次ぎの片仮名に適当な漢字をかきなさい。
1. キョウツウの答え（　　　）　　2. 公害問題のショリ（　　　）
3. マンゾクに取れる（　　　）　　4. 自然にイゾンする（　　　）
5. 能力をウワマワる（　　　）　　6. 汚水のスイジュン（　　　）
7. ジョウケンとして（　　　）　　8. ゴウカな食事（　　　）
9. 経済的にマズしい（　　　）　　10. 高シュウニュウの専門職（　　　）

三、文章（一）を読んで、後の問いに答えなさい。答えは、①・②・③・④から最も適当なものを一つ選びなさい。
　問一　①「同じ空間にいない」と言っているが、それぞれどの空間にいるのだろうか。
　　①　それぞれが自分の国にいること。
　　②　それぞれが自分の故郷にいる。
　　③　それぞれが自分の考えで考えること。
　　④　それぞれが自分の利益に立っていること。
　問二　②「そこで」と④「そこで」は同じ意味だろうか。

① ②も④もそれぞれが違った空間にいることを指す。
② ②は全部入れた空間を指し、④は原因を表わす。
③ ②も④も双方を全部入れた同じ空間を指す。
④ ②は原因を表わし、④は違った空間を指す。

問三 ③「対象として取り上げる空間を同じにするという手つづき」とは、どういうことか。
① 両方とも自分を自分の空間に入れるような立場に立つ手続き。
② 両方とも自分を自分の空間に入れるような空間を作る手続き。
③ 両方とも同じ空間に入れるような空間を作る手続き。
④ 両方とも同じ空間に入れるような立場に立つ手続き。

問四 ⑤「損をしてもなんとかやりくりがつく」にある「やりくりがつく」とは、どういう意味か。
① 都合をつけることができる。
② 採算が合うようになる。
② 収支のバランスがとれる。
④ 黒字が出るようになる。

問五 ⑥「能力に応じて利益を考える時間の幅も延ばす」とは、どういう意味か。
① 能力が増えるにしたガって、利益を考える時間が長くなること。
② 能力が増えるにしたガって、利益時間を以前より長く感じること。
③ 能力が増えるにしたガって、長い時間の感覚で利益を考えること。
④ 能力が増えるにしたガって、利益を手に入れる時間が長くなること。

問六 （ ⑦ ）に入れる最も適当な言葉はどれか。
① 言い換えてもさしつかえる
② 言い換えてもさしつかえない
③ 言い換えたらさしつかえる
④ 言い換えたらさしつかえない

問七 作者が⑧「自然の時間を尊重す」べきだと主張している理由はどれか。
① 技術の時間が自然の時間と矛盾しているから。
② 自然の時間は技術の時間よりいっそう重要だから。
③ 技術の時間より自然の時間がはるかに長いものから。
④ 技術の時間は自然の時間に合わせる必要があるから。

問八 （ ⑨ ）に入れる最も適当な言葉はどれか。

① このように
　　② そうすると
　　③ あれならば
　　④ そのうえ
問九　⑩「時間を合わせる」とは、どういうことなのか。
　　① 技術時間が短いから、長い自然時間に合わせること。
　　② 自然時間が長いから、短い技術時間に合わせること。
　　③ 技術時間とも自然時間とも違った第三時間を作ること。
　　④ 技術時間と自然時間の両方を入れる第三時間を作ること。
問十　作者がこの文章で最も主張したいことは何か。
　　① 短い時間で働く技術が長い時間のきざみで働く自然に依存しているのだから、技術時間と自然時間にあわせる必要がある。
　　② 問題を解決するためには、対象となる両方を入れるような「空間あわせ」と「時間あわせ」の手続きをする必要がある。
　　③ 利益や時間の感覚がそれぞれ違うから、長い目で利益を考えたり、空間を拡大して問題を考えたりする必要がある。
　　④ 同じ空間にいない両方を同じ空間に入れるために空間拡大の手続きをすることは、ますます重要になっている。

四、文章（二）を読んで、次ぎの問いに対する最も適当な答えを①・②・③・④から一つ選びなさい。
問一　この文章で論じられている重要な問題は何か。
　　① 病気のときの食事。
　　② 米食とパン食の世代による差。
　　③ 外国と日本の食生活の比較。
　　④ 食生活と文化の関係。
問二　この文章の直前には、どのような内容が書かれていたと考えられるか。①・②・③・④の中から一つ選びなさい選びなさい。
　　① 外国で長く暮らした人の食生活の具体例。
　　② 病人の食事に必要な要素の説明。
　　③ パン食と米食の優劣を論じる。
　　④ 食生活を変えるのが困難であることを示す具体例。

第六課

五、文章（三）を読んで、次ぎの問いに対する最も適当な答えを①・②・③・④から一つ選びなさい。

　問一　この文章の内容とあっているものはどれか。
　①　日本には収入があるにも関わらず、経済面や生活面で頼る青年達がいる。
　②　アメリカでは高収入の専門家はたいていビジネススクール出の中高年の男女である。
　③　アメリカでも日本でも若者は経済的に貧しく、アルバイトをして堅実に暮らしている。
　④　日本の青年たちは働いて得た収入をすべて親に渡すので、自立しているとはいえない。

読解技法

指示关系

　　指示关系主要是回答文章中某指示词所指代的具体内容，即对指示词所指代的事物要明确。日语指示词是在文章里对某个事物进行指示的用语，其关键点是：

　（1）指示词在文章中多与该词前面的内容紧密相关，所指内容一般在该指示词的前面，特殊情况下也有指示后面内容的。

　（2）指示词可以指代文章中出现的词、语句的内容，也可指代某一段落或几个段落的内容。

　（3）复句中出现后半句的指示词所指的内容往往在其前半句中，也有指示后面内容的。

　（4）出现在段落的开始或结尾的，能指代上一段或下一段的内容。

　（5）不管是在其前或在其后，找到了自己认定的部分后，一定要将它试放到指示词处读一下，联系前言后语，看在意思上是否通顺，若不通还要重新斟酌。

　　例：
　暑い日が続いていますが、お元気でしょうか。わたしはあいかわらず元気に過ごしております。
　ところで、先日、山田先生の出版記念パーティーのお知らせをいただいた

のですが、わたしは残念ながら出席できそうにありません。学生の時あんなにお世話になったのだから、だれよりも先にお祝いしなければいけないのに、前々から決まっていた海外出張（しゅっちょう）で、どうしても予定を変えられないのです。どうぞ、先生に、また昔の仲間たちにも、よろしくお伝えください。それから、みんなで何か記念の品を贈りするのでしたら、ぜひわたしもその一人に加えてください。近くお電話いたしますので、その時に金額など教えいただければ幸いです。楽しい会になりますようお祈りしております。<u>ではまた、御電話で</u>。

【問い】「<u>ではまた、お電話で</u>」とあるが、この人が電話する第一の目的はどのようなことか。

①パーティーのお知らせをもらたので、そのお礼を言いたい
②海外出張のためパーティーに出席できないことを知らせたい
③先生に贈る記念の品を何にするか、自分の考えを伝えたい
④記念の品に、自分はいくら払えばいいのか教えてもらいたい

这里的"ではまた、お電話で"问的是"那么，到时再打电话"的内容。很显然，这是问指代的题。联系上文，很明显答案是④，即作者应该分摊多少给老师的礼物钱。

正解：④

言語文化コラム

恥

人は自分の属する社会の中で、一定の位置を占め、何らかの役割を持ちながら生きています。つまり、その人なりに「世間」から受ける評価というものがあり、それを意識しながら生きているとも言えるでしょう。

ですから、もし何か失敗したり、自分の欠点知られたり、罪を犯したりすれば、自分の評価を落とすことになります。そうして、自分のプライドや名誉を傷つけられたときの気持ちを、「恥ずかしい」と言います。

「格好がつかない」「世間体が悪い」「面目がない」「面子がつぶれる」などの表現は、すべて「自分に対する世間の評価を落としてしまって恥ずかしい」という気持ちを表しています。このような場合、「恥をかく」と

第六課

もいいます。

例1：彼女を食事に誘ったのに、財布を忘れて恥をかいた。

例1は、もちろん「恥ずかしかった」と言うことができますが、「恥をかいた」というのは、彼女や店の人など、その事実を知られた相手に対して、自分の格好悪い姿を見られてしまったことに対して「恥ずかしい」と思う気持ちを表しています。

つまり、「恥ずかしい」というのが、主に自分自身の個人的な感情を表すのに対して、「恥をかく」というのは、もう少し客観的な視点からの表現と言ってもいいでしょう。

たとえば、うっかり滑って転んでしまったとき、それを誰も見ていなくても「こんなところで転ぶなんて、ちょっと恥ずかしい」と自分で思うことがありますが、このときは、「恥をかいた」とは言いません。「恥」は、個人的な感覚よりももっと広い世間一般の「目」や社会の評価、あるいは道徳的な意識から来ることが多いのです。

日本人は、自分が他人の目にどのように映っているかを強く意識して生きています。ですから、「恥」の感覚が非常に強いということができるでしょう。逆に「恥」の意識がまったくないような人、悪いことを、平気でやるような人を「恥知らず」と非難します。

例2：お金のために友人を裏切るなんて、君はなんという恥知らず人間だ。

「恥を知る」ということは、一人の人間として社会生活を送る上できわめて大切なことであるわけです。

この「恥知らず」というのは、その人の人格に関する非常に重い表現ですが、もう少し軽い言い方に、「みっともない」や「見苦しい」があります。「みっともない格好」「見苦しい態度」のように使われますが、これらの言葉は、本人の気持ちはどうであれ、周囲の人から見てよくない、「外（世間）に与える印象が悪い」という意味です。

例3：そんな汚れた服を着て、みっともないからすぐ脱ぎなさい。

例3は、日本の親がよく子どもを叱るときに使う表現ですが、これは、子どもが汚れた服を着ているのを自分が嫌だと思っているというよりも、「そんな姿を外の人に見られたら、自分が恥をかく」という意味で、「世間の目」を意識しているのです。

アメリカの文化人類学者ルース・ベネディクトは、「菊と刀」という本の中で、日本人は「恥」という価値基準をもとに行動する「恥の文化」を持つ民族だと書いていますが、日本語に「世間の目」を意識した表現が多いことからも、そう言えるでしょう。

人が何を「恥」と思うかは、社会や時代によって異なる。

平安時代中期（十世紀頃）に生まれた武士は、主人のために戦地に行って戦い、その褒賞として土地をもらって自分の一族を養う、というのが一般的な姿だった。戦場において、敵の陣地に一番先に馬を乗り入れて勇敢に戦うことは「一番乗り」と言って、武士の最高の名誉とされた。

　逆に、勇気のない行動は武士の「恥」とされた。特に、「後ろ傷」は一番の恥であった。「後ろ傷」とは、戦いの中で背中に負った傷のことである。体の前ではなく背中を切られるということは、逃げようとして敵に背中を見せた証拠であり、敵を恐れたことになる。戦場において、「敵に背中を見せる」ことは、何よりも「恥」だと考えられていたのである。

　その後、江戸時代（一六三〇～一八六八年）になって、あまり大きな戦争がなくなると、武士本来の姿が失われるようになり、あらためて「武士のあるべき姿」を示す必要が出てきた。それが「武士道」と呼ばれるものである。たとえ戦いがなくても、主人のためにいつでも命をかけて戦う覚悟を持つこと（＝「忠」考え方）が重要視され、死を恐れないこと、金銭への欲望を持たないことなどが美徳とされた。武士としての誇りを失うことは最大の恥であった。江戸時代に強調された武士道の考え方から見ると、鎌倉時代（一一八五～一三三三年）の武士のように褒賞のために戦うのは、むしろ恥じるべきことだったのである。「武士道」は、そういう意味では、かなり理想化された面を持っているとも言える。

　武士が社会の中心であった時代が、鎌倉時代から明治維新まで約七〇〇年間も続いたため、「武士道」、特に「恥」の意識は日本人の中で重要な行動原理となり、現代でもなお根強く生きていると言えよう。

第七課

────（一） 人類と文化の関係 ────

　私はこの頃、二十一世紀も間近な時代になって、文化が人類を苦しめ始めたのではないか、とよく考えるようになった。

　文化が人類を苦しめるとは、いかにも唐突な感じをあたえるかもしれないが、この十年ほど世界各地で生活し、さまざまな文化現象と出会い、文化が生み出す困難な状況を経験したところを見て、また現実にいま世界の動きを見ても、おそらく人類史上初めて、文化が否定的な作用をするようになってきた、少なくとも文化をそう受け取る時期が訪れて来た、という気がしてならないのだ。

　人類が「森からサバンナへ」出てきて、厳しい自然環境の中で、本能が身を守ってくれることのもっとも少ない動物であるがゆえに、文化を①第二の本能として発達させたことは明らかである。世界各地で独自に生成されるようになった文化は、それこそ必死に生存をはかるためにも人間にとって実に大きな恩恵をもたらしてくれた。それなので、文化の否定性云々を口にするなどもってのほかで、天にバツするような忘恩の所業にちがいない。安易に文化の否定性など②言えたものでないことは当然である。ことばや食べ物から技術まで文化なくして人間はいまだ一日たりとも生きられない。文化は人間のアイデンティティの核心である。

　同時に、現代の世界の難問が多く文化そのものの性質に発することも明らかな事実である。情報化の地球時代、あるいは国際化時代において、人間と人間、人類の間に大きなコミュニケーションの障害を作り出すのも文化である。現代の戦争・紛争・摩擦は、そのほとんどの原因を「文化」にもつといってよいのではないか。政治・経済などの要因は、交渉や説得や妥協、そして計算によってある程度解決することができる。本質的に、③利益合理性が解決する問題である。

　しかし、パレスチナ問題やレバノン情勢、北アイルランドやバスク、ノルマンジーやウクライナ、パンジャブやスリランカなどの問題は、容易に解決が④つかないどころか紛争ははてしなく続くように見える。政治・経済それに歴史上の難問がこれらの紛争の根源にあることは事実としても、解決を困難にしているのは、そこに民族・言語・宗教などの文化的要因が分かりがたく存在するからである。

私が「文化の否定性」などということを考え始めたのも、東南アジアや南アジアでの文化による紛争を目のあたりにするようになってからである。ベトナム戦争は、少なくとも⑤イデオロギー戦争の性質をもっていたが、その後の局地戦争には民族戦争の色彩が強く、解決のないドロ沼に入り込んでしまっている。とくに、この十年ぐらいスリランカにゆくようになって、シンハラ対タミルの抗争を⑥見るにつけ、文化の厄介な性質をますます強く思うようになり、時として、文化を背負うことが重苦しく、文化から逃げられたらどんなに楽かと思わずにいられなくなった。

　（　⑦　）、自分に文化が（日本文化が）あると思うことはやはり大いなる安心感をあたえてくれるし、異国にいればその幸せを身に沁みて感じることも事実なのである。異文化の中で生活すればするほど、日本文化を持つことの幸せを感じないでいられない。とともにそれを重荷に思うもどかしさがある。情報化と国際化の時代にあっては、自文化に対するこのアンビバレンスは、一般的にいってもこれから大きなものとなるにちがいない。異文化についての中途半端な理解に苛立ち、自文化に囚われることのもどかしさに苛立ち、しかも自文化をアイデンティティの根拠としなければならない。ちがった文化背景をもつ人々の間にコミュニケーションを（　⑧　）は、これからますます強く感ぜられずにいられないはずである。

（二）　機械文明と人間知性

　とはいえ、ちょうど動力機械の出現によって「労働の神聖さ」が失われたのと同じように、電子計算機の出現によって、「人間知性の尊厳」が完全にゆらいできたといえるであろうか。それは少し早まった意見であるように思える。というのも、人間が電子計算機に劣っているように見えるのは、計算の能力や情報検索の能力といった尺度に基づいて比較したからであって、それとは違う尺度で比較すれば、人間の方が機械よりまさっているという場合もたくさんあるからである。そして、実際現在のところ、図形の認知や、数字の定理の証明や、言語の翻訳に関しては、人間の方が電子計算機よりはるかにすぐれているのである。

第七課

（三） 人間活動

　人間社会では、第二次世界大戦のころから、科学技術がめざましく進み、生産活動が巨大化し、世界人口は急速に増加した。このことは、人類の繁栄として喜ぶべきことであろうが、反面、各種の公害が大きく浮かび上がり、また、地球は人間社会にとってせまくなってきた。人間活動の巨大化は自然界を変え、それが人間社会にフィードバックしてくるおそれもでてきた。

　そのため、今までの人類の生き方と、これからの生き方では、大きく方針を変える必要が出てきているように思われる。

単　語

（一）

間近（まぢか）	（名・形動）	靠近，临近
唐突（とうとつ）	（名・形動）	唐突，突然
サバンナ	（名）	热带的大草原
云々（うんぬん）	（名）	说三道四、说长道短，云云、等等
忘恩（ぼうおん）	（名）	忘恩
所業（しょぎょう）	（名）	所作所为、行径
アイデンティティ	（名）	自我同一性，个性
パレスチナ	（名）	巴基斯坦
レバノン	（名）	黎巴嫩
北アイルランド	（名）	北爱尔兰
バスク	（名）	巴斯克
ノルマンジー	（名）	诺曼底
ウクライナ	（名）	乌克兰
パンジャブ	（名）	旁遮普
スリランカ	（名）	斯里兰卡
目のあたり（めのあたり）	（名）	眼前、目前
シンハラ	（名）	锡兰族
タミル	（名）	泰米尔族
厄介（やっかい）	（名・形動）	麻烦，难对付

もどかしさ	（名）	令人着急，急不可待
アンビバレンス	（名）	矛盾心理、矛盾情绪
苛立つ（いらだつ）	（自五）	着急、焦急

（二）
知性（ちせい）	（名）	理智，智能
尊厳（そんげん）	（名・形动）	尊严
ゆらぐ	（自五）	摇动
早まる（はやまる）	（自五）	提早，忙中出错
尺度（しゃくど）	（名・形动）	尺度，标准
図形（ずけい）	（名）	图形、图式

（三）
| フィードバック | （名・他サ） | 反馈、反应 |

文法

1. ～たりとも

"～たりとも"句末与否定表达相呼应，表示全面否定。"绝不……"。其接续为：名词、数词。

○ 私は母に「御飯の一粒たりとも無駄にするな」と厳しく叱られたことがある。
（我曾经被母亲严厉批评过"不能浪费一粒米"。）

○ 一瞬たりとも彼から目を離すな。動きがあれば報告せよ。
（眼睛一刻也不要从他身上离开，一有动静就报告。）

○ 油断大敵、小敵たりとも侮るなかれ。
（粗心大意是大敌，连小敌都不要轻视。）

○ 一刻たりとも時間を浪費するな。今は一秒一刻を争う事態なのだ。
（一刻都不要浪费，如今事态是争分夺秒。）

2. ～に関して／～に関する

"～に関する"表示"说起和……有关的事情来，……"，多用于书面语、正式的会话或演说、学术方面等。另外，"～に関して"的郑重体是"～に関しまして"。其接续为：名词。

○ 政府は○○事件の真相に関し、国会で調査報告を明らかにすると表明した。

（政府就〇〇事件的真相，表明将在国会公布调查报告。）
○ このプロジェクトに関しては一切の責任は私が負っている。
（这个项目，我负全部责任。）
○ 最近、日本に関する書籍は多くあるが、どれも大同小異で、「当たらずと言えども遠からず」という類のものだ。
（最近关于日本的书籍很多，都大同小异，属于"虽不中亦不远矣"之类。）
○ 彼はいつもマイペースを崩さず、周囲の評価に関しては気にもとめない。
（他总是自有一套，也不在意周围的评价。）

3. ～に違いない

"～に違いない"是表示自己确信的主观表达，书面语是"～に相違ない"，意为"肯定是……"。其接续为：名词、形容动词词干、动词、形容词的原形。
○ 彼は失業中だし、旅行する余裕なんてないに違いない。
（他失业了，肯定没钱旅游。）
○ 虫の知らせと言うか、胸騒ぎがする。娘の身に何かよくないことがあったに違いない。
（总觉得忐忑不安，女儿肯定发生了什么不好的事情。）
○ 彼の才能をもってすれば、将来、成功するに相違ない。
（如果有他那样的才能，将来肯定会成功的。）
○ 今はわかってもらえなくても、いつかは君にも私の気持ちがわかる日が来るに違いない。
（即使现在不明白，将来有一天肯定会理解我的。）

練 習

一、次ぎの漢字に振り仮名をつけなさい。

間近（　　）	云々（　　）	忘恩（　　）
所業（　　）	紛争（　　）	妥協（　　）
障害（　　）	重荷（　　）	神聖（　　）
尺度（　　）	尊厳（　　）	図形（　　）

二、次ぎの片仮名に適当な漢字をかきなさい。
1. トウトツな感じ（　　）　　2. 世界のナンモン（　　）

3. 文化のヤッカイ（　　）　4. 言葉のホンヤク（　　）
5. ジンルイの生き方（　　）　6. ホウシンを変える（　　）
7. 生産活動がキョダイカする（　　）

三、文章(一)を読んで、後の問いに答えなさい。答えは、①・②・③・④から最も適当なものを一つ選びなさい。

問一　①「第二の本能とあるが、第一の本能とはどんなものだろうか。
　　①　自然を選択するための本能。
　　②　自然から逃れるための本能。
　　③　自然と対抗するための本能。
　　④　自然に適応するための本能。
問二　②「言えたものでない」とは、どういう意味か。
　　①　そんなことを言ったことはまったくないという意味。
　　②　そんなことを言ったのは間違っているという意味。
　　③　そんなことを軽率に言ってはいけないという意味。
　　④　そんなことを軽快に言ってはいけないという意味。
問三　③「利益合理性」とあるが、この文章に合った意味は次のどれか。
　　①　利益に関する計算を正確にすること。
　　②　利益を合理的に関係者に配分すること。
　　③　不合理があれば妥協して解決すること。
　　④　交渉や説得などを通じて利益を得ること。
問四　④「つかない」とあるが、本文と同じ意味の例文は次のどれか。
　　①　これでは急所をつかない。
　　②　高すぎて買い手がつかない。
　　③　混乱して収拾がつかない。
　　④　いくら歩いても目的地にはつかない。
問五　⑤「イデオロギー戦争」とはどんな戦争のことか。
　　①　政治理念の対立による戦争。
　　②　異なる宗教の間で行われる戦争。
　　③　経済利益の対立による戦争。
　　④　異なる民族の間で行われる戦争。
問六　⑥「見るにつけ」の意味を最も正しく説明している言葉は次のどれか。

① 見ているうちに
② 見るたびに
③ 見ているだけで
④ 見るときに

問七　（　⑦　）の中に入れる言葉として最も適切なものは次のどれか。
① したがって
② だからこそ
③ とはいっては
④ とはいっても

問八　（　⑧　）の中に入れる言葉として最も適切なものは次のどれか。
① 成り立たせることの難しさ
② 成り立たせることの易しさ
③ 成り立たせぬことの難しさ
④ 成り立たせぬことの易しさ

問九　作者はこの文章で何を言いたいのか。次にあげた文から最も内容に合っているものを一つ選びなさい。
① 世界各地に起きている様々な紛争の原因は、民族や言語、宗教などといった「文化」にあり、しかも解決が難しい。
② 文化は人間の核心的存在であるが、今の時代では、それが否定的な作用をし、これからもますます激しくなるに違いない。
③ 二十一世紀になったら、人間に恩恵を与えた文化が否定的に働き始めるようになり、民族や宗教による紛争がますます激しくなるにちがいない。
④ 自文化に囚われると同時に、それを自分の主体性の根拠としなければならないという二重傾向が、これからますます大きなものとなるにちがいない。

問十　この文章に題目をつけるとしたら、一番ふさわしいのは次のどれか。
① 文化の二重性
② 文化の主体性
③ 文化の否定性
④ 文化の困難性

四、文章（二）を読んで、次ぎの問いに対する最も適当な答えを①・②・③・④から一つ選びなさい。

問一　この文章で、筆者が最も言いたいことは何か。
　①　電子計算機の出現によって、「人間知性の尊厳」が完全にゆらいできた。
　②　知性という点でいえば、人間の方が電子計算機よりもはるかにすぐれている。
　③　人間のほうが機械よりまさっているという場合もたくさんある。
　④　計算の能力や情報検索の能力といった尺度に基づいて比較すると、人間が電子計算機に劣っている。

五、文章（三）を読んで、次ぎの問いに対する最も適当な答えを①・②・③・④から一つ選びなさい。

問一　この文章の内容から考えると、どのように「大きく方針をかえる」のが適当か。
　①　人間活動の巨大化を制限する。
　②　生産活動をより活発にする。
　③　自然界をいままで以上に変える。
　④　人間の住む場所を拡大する。

読解技法

正確填空

　　解决这类问题的关键在于考察括号所在的位置，在中间的主要考虑前后关系，在句末的要找出主语，有多个括号的话，其内容一般是一致或相对的。
　　例1：
　　昔は、子供は親を尊敬し、親は子供に命令し、子供が命令されて動くことは当然の日常であった。このような上下関係がいつのまにか（　　）、現在は対等な立場で親子関係が築かれる世の中となった。そして、それがあるべき愛の形であると理解している者が大半であるが、好ましくない状態であると嘆く者も多くいるのである。
　　【問い】（　　）の中に入る適当な言葉を選びなさい。
　　①進歩し

②逆転し
③変化し
④変更し

这段文章中，上一句是过去什么样的状况，其下一句是现如今变成什么样的状况了，所以这里要用"変化し"。

正解：③

例2：

一定の年齢以上の人が口にする言葉に、「近ごろの若い者はものを知らない」というのがあります。私もそう思っています。しかし、だからといって「近ごろの若い者は知るべきことを知らない」と思っているわけではありません。

なぜなら、「近ごろの若い者はものを知らない」というのは、「高齢者（こうれいしゃ）が知っていることを知らない」ということにすぎないからです。

逆に、「若者が知っていることを高齢者は知らない」という意味では、「近ごろの高齢者はものを知らない」とも言えるのです。（　）若者と高齢者とでは、知っていることが違うというかでのことなのです。

【問い】（　）の中に入る言葉として適当なものはどれか。
①それで
②例えば
③むしろ
④要するに

这段文章中，最后一句话是总结性质的：老少所了解的事物是不一样的，所以要用"要するに"。

正解：④

言語文化コラム

甘える

「甘える」というのは、他人に好意や愛情を求めたり、世話してほしい、助けてほしいと強く期待したりして、それを態度や行動に出すことです。

一番わかりやすいのは、子どもが親に「甘える」ことでしょう。赤ちゃんが母親の愛情を求めて抱きついたり泣いたりするのは、「甘え」の行為です。また、少し大きくなった子どもが、おもちゃを買ってほしいて泣き

叫んだりするのも甘えている、ということになります。

このとき、親が子どもしたいことを何でも許したり、欲しがるものを何でも与えたりすることを「甘やかす」と言います。親が子を甘やかすと、わがままな子（＝自分中心に考える子）になりやすいので、「しつけ」の観点から、一般にはよくないことだと思われています。

例1：赤ちゃんが母親に甘える姿はかわいい。

例2：あの子は欲しいものは何でも両親に買っもらうなど、甘やかされて育った。

「甘える」には、子どものイメージが強いのですが、実は大人でも甘えの行為はよく見られます。

たとえば、女性が恋人に向かって、「ねえ、ダイヤの指輪買ってえ」と言うのも「甘え」ですし、仕事でトラブルがあったときに、先輩や上司が助けてくれることを期待するのも、「甘え」だと言えるでしょう。

このように、普段親しい関係の人に、「相手は自分の要求を当然受け入れてくれるだろう」「自分を助けてくれるだろう」というような期待を持ち、相手に強く寄りかかるような感情を「甘え」と言うのです。

日本人はこのような「甘え」の感情を持ちやすいと言われていますが、それには、「外」に対して「内」の意識が強く働くことや言葉に出さなくてもお互いの気持ちをわかり合うというような習慣が関係していると言えるでしょう。

ただし、大人の場合、一般に「甘え」はよくないことだと考えられています。いくら親しい間柄でも、他人に対しては「遠慮」があるべきだと思われているからです。

例3：A：「よかったら、お昼、うちで食べていきませんか」

B：「えっ、いいんですか。それでは、遠慮なく、お言葉に甘えさせていただきます。」

このように、人から好意や援助を受けるときには、「それでは、遠慮なく」とか、「それでは、お言葉に甘えさせていただきます」のように言います。

親しくなかったのに、遠慮ばかりするのは「水くさい」と嫌がられ、甘えてばかりいると「親しき仲にも礼儀あり」と少しは遠慮すべだと思われます。「甘え」と「遠慮」のバランスはなかなか難しいのですが、いい人間関係を築く上で、この二つを上手に使い分けるのは、とても大切なことです。

心理学者の土居健郎はアメリカに研究滞在しているうちに、欧米人の間にも、「甘え」に似た行為や態度が見られるにもかかわらず、それにあたる概念や言葉がほとんどないことに気づく。というのは、彼らの中に「甘え」

の意識もないことになる。一方、日本では「甘え」は日常的であり、言葉としても、よく使われている。このことから、「甘える」が、きわめて日本的な特色を持ったものであることに思い至る。その研究成果をまとめた著書『「甘え」の構造』は、日本人の間で大きな反響を呼び、一大ベストセラーとなった。

　彼はその中で、「甘える」というのは、相手と一体になりたいという願望の感情であるとし、日本人の生活のさまざまな場面で「甘え」の心理が強く働いていることを明らかにしている。

第八課

――――（一） 「言葉」の働き ――――

　1　「言葉」は、普通「伝達」と「思考」の手段であるといわれます。この「伝達」の働きについては、だれもがすぐ理解しやすいことなのですが、「思考」の手段としての「言葉」については、私たちがさまざまな言葉をほんとに無意識に自由に使っているだけに、かえってその働きが実感されにくいようです。しかし、①この働きについても、人間の子供が、生まれてから②だんだんと言葉を覚え、次々に言葉を増やすことによって、事物についての認識や考える力を発達させていくことなどを見てみると、わかりやすいでしょう。

　2　私たちの考える力の中には、たとえば、個々の事物からそれぞれのもっている特長的な部分を捨てて、共通な側面や性質を引き出す、「抽象」する力があります。数で言えば、三個の椅子も、三冊の本も、ともに同じ「三」という数で考えるのが抽象することになります。また、同年輩のA・B両人が親しく交際し、同じくC・Dも親しく交際しているとき、A・BとC・Dの親しさの内容も交際の仕方も違うはずなのに、こういう同年輩の人たちの間の愛情をともに③「友情」という言葉で表すのも抽象する考える方によるものです。このように私たちは、さまざまな事物を抽象してその性質を言い表すのに「言葉」を用います。

　3　また、私たちは、いろいろな具体的な事物を調べてそれらの間にある関係を見つけたり、一般的な法則によって個々の具体的な事物の性質を説明したりする考え方をします。こういう考え方は、私たちが事物に基づいてものごとをきちんと筋道立てて考えていく場合に、中心的な働きをするものです。そして、それらは、すべて「言葉」というものを④なかだちにして成り立っているのです。

　4　そのことは、私たちの勉強の場合どうなっているかというと、勉強の内容が、すべて「言葉」（文字や記号・符号などを含めて）による思考によって成り立っているということです。だから、「勉強がわからない」というのは「言葉」で考える道筋で、⑤「言葉」に関するいろいろなつまずきがあるということになります。たとえば、言葉の意味や文字の読み方がわからない内容がわからない、ということがあります。

5　ところで、私たちの「言葉」は、人間・社会・自然などについての、無数のものごとをそれぞれに区別して指し示す言葉や、的確に言い表す言葉から成り立っています。また、言葉によっては、それぞれの言語の「文法」という一定のきまりによって組み立てられ、人間の複雑な（　⑥　）内容を表すことができるようになります。

6　そこで、「言葉」で考える上でのつまずきを取り除くためには、個々の単語についてはもちろん、それらをさまざまに組み立てて尽きられる表現の意味している内容を、正しく理解し、自分のものにしていくことが大切になります。そうすることで、私たちは、考えをいっそう深めたり、心を豊かにする「言葉」の使い方を学んだりすることができるのです。

（二）　人の声を認識

最近、人の声を認識したり、書かれた文字を読み取ったりするプログラムが、あちこちで使われるようになってきている。そして、たとえば「このプログラムはどの人の声でも認識することができます」という説明がしばしばなされる。しかし、①それを文字どおりに信用したりしてはならないだろう。「どの人の声でも」といったとき、男子の大人の声ならほとんど聞き分けられるということを意味していることが多く、女子の声や老人のしわがれた声、子供の声（中略）についてはうまく認識できないという場合がある。

（三）　何杯食べても四百円か

「何杯食べても四百円か」男は、ラーメン屋の立て看板に目をやると、すぐに店のなかに入った。男は若く、体格がよく、かなりの大食漢。

ラーメンを一杯、軽く食べると二杯目に入った。

「お客さん、どんどん食べてください」

やがて、三杯目。これもクリア。

①「まだまだ遠慮しないで、もっと食べてもいいんですよ。」

「それにしても、②こんなことでよく商売が成り立つな。」

 日语泛读 2

男は四杯目に入った。だが、さすがに全部食べることはできなかった。
「もう腹一杯。四杯でやめておくよ。お勘定！」
「千六百円です。」
「えっ、四百円じゃないんですか。」
「おかしいな」と思い、看板を見ると、「何杯食べても一杯四百円」の間違いだった。

 単　語

（一）

伝達（でんたつ）	（名・他サ）	传达、转达
働き（はたらき）	（名）	作用、效力
実感（じっかん）	（名・他サ）	实感，的确感觉到
なかだち	（名・自サ）	居间介绍，搭桥，做媒
道筋（みちすじ）	（名）	道路，路线，条理
つまずき	（名）	绊倒，受挫

（二）

プログラム	（名）	节目（单），进程（表）编制（计算机）程序
文字どおり（もじどおり）	（名）	照字面，名副其实
しわがれる	（自下一）	（嗓音）嘶哑

（三）

立て看板（たてかんばん）	（名）	立式招牌，立式广告牌
大食漢（たいしょくかん）	（名）	饭量大的人
クリア	（名・他サ）	清除，消灭掉
勘定（かんじょう）	（名・他サ）	计算，算账

文　法

1. ～だけに

"～だけに"有两个含义，其一表示感叹、称赞，相当于"～だけあって""不愧是……"。其二，表示理由，"正因为……"，此用法不能和"～だけあって"互换。其接续为：名词、用言的连体形。

○ スポーツマンだけに（⇔だけあって）、体格が立派だ。

　　（不愧是运动员，身体真健硕。）

○ 老舗だけに（⇔だけあって）、店構えに風格がある。

　　（不愧是老店，店面有风格。）

○ 女の子だけに、一人で外国旅行に行かせるのは心配だ。

　　（毕竟是女孩，让她一个人去国外旅行很担心。）

○ 合格するとは思っていなかっただけに、合格通知を受け取ったときの喜びはひとしおだった。

　　（正因为没有想到会考上，所以接到录取通知书的时候才会更加喜悦。）

○ 世間の恐しさを知らないだけに、彼は思ったことが平気で言えるのだ。

　　（正因为不知道世间险恶，他才会直言所思的吧。）

2. ～はもちろん

　　"～はもちろん"表示："……自然不用说，就连……"，往往与"さえ""まで"等词相呼应使用。其接续为：名词、用言连体形＋の。

○ 料理自慢の彼にとっては、和食はもちろん、中華から洋食まで、何でもお茶の子さいさいだ。

　　（对于做饭自豪的他来说，别说日本餐了，就连中国餐和西餐，都是小菜一碟。）

○ 彼はアメリカ人だが、日本語はもちろん、日本の伝統・文化そして国民性に至るまで精通している。

　　（他虽然是美国人，但是无论对于日语，还是日本的传统、文化，甚至国民性都十分精通。）

○ 対人関係づくりが苦手なのはもちろん、自分自身の意見すら持っていない若者が増えているという報告がある。

　　（有报告称，不善于处理人际关系、连自己的意见都没有的年轻人数量在增加。）

3. ～にしても

　　表示"即使……也不……"，多有不满或感叹等心理。其接续为：名词、それ、形容动词的词干、动词、形容词的终止形。

○ やせたいにしても、食事もしないのはよくないよ。

　　（即便想瘦，但不吃饭也不好。）

○ いくら頭にきたにしても、手をあげたのはやり過ぎだ。
（即使很生气，举手打人就太过了。）
○ 試合に負けたのはしかたがないが、それにしても一点もとれないとは情けない。
（输掉比赛也是没有办法的事情，不过即使如此，一分都没得也太惨了。）
○ 私が中国を訪れたのは十年ぶりのことですが、それにしてもその変わりぶりに驚きました。
（我10年前访问过中国，不过话虽如此，这变化真叫人吃惊。）

練 習

一、次ぎの漢字に振り仮名をつけなさい。

伝達（　　　）　　働き（　　　）　　実感（　　　）
抽象（　　　）　　法則（　　　）　　道筋（　　　）
認識（　　　）　　友情（　　　）　　複雑（　　　）
看板（　　　）　　大食漢（　　　）

二、次ぎの片仮名に適当な漢字をかきなさい。

1. グタイテキな事物（　　　）　2. ジユウに使う（　　　）
3. 言葉をオボえる（　　　）　　4. トクチョウ的な部分（　　　）
5. 性質をセツメイする（　　　）　6. 表現のイミ（　　　）
7. マチガいがある（　　　）　　8. おカンジョウお願いします（　　　）

三、文章(一)を読んで、後の問いに答えなさい。答えは、①・②・③・④から最も適当なものを一つ選びなさい。

問一　①「この働き」とは、どうとう働きを指しているか。
　　① 「伝達」の手段としての「言葉」という働き
　　② 「認識」の手段としての「言葉」という働き
　　③ 「思考」の手段としての「言葉」という働き
　　④ 「理解」の手段としての「言葉」という働き

問二　②「だんだんと」は、次のどれにかかるのか。
　　① 覚え

② 増やす
③ 考える
④ 発達させ

問三 ③「友情」とは次の何か。
① 同年輩の人たちの間の愛情
② 二人が親しく交際すること
③ 言葉で抽象である愛情
④ 共通な側面や性質を引き出して交際すること

問四 ④「なかだち」の本文中における意味は次のどれか。
① 中座する
② 頼りにする
③ 橋渡し
④ 仲立ち上場の略語

問五 ⑤「「言葉」に関するいろいろなつまずき」とあるが、次の分は、筆者が考えている「つまずき」について説明したものである。問五に当てはまる最も適当な言葉はどれか。
① 個々の仮名
② 個々の漢字
③ 個々の言葉
④ 個々の単語

問六
① 文法
② 発音
③ 文節
④ 意義

問七
① それぞれ形とのある段落になった表現
② それぞれに文法に合う複雑な表現
③ 様々に組み立て作られる表現
④ 様々に調節し整えられる表現

問八 （ ⑥ ）に入る言葉はついのどれか。
① 行動

②　思考
③　認識
④　抽象

問九　次の一文は、□1～□4段落のうち、どの段落の最後につければよいか。
特に古典や外国語を習う場合、単語の意味が分からないから書いてあることの意味が分からないというのは、よくあることでしょう。

①　□1
②　□2
③　□3
④　□4

問十　本文に述べられていることと最もよくあっているものはどれか。

①　事物を調べて、それらの間にある関係を見つけることができるのは、「言葉」の「伝達」の働きによるものである。
②　一般的な法則によって個々の具体的な事物の性質を説明する考え方は、人間に生まれつき備わっているものである。
③　「言葉」は、無数の物事をそれぞれに区別区別して指し示し、ひとつの言葉が表す意味は必ずひとつと決められている。
④　考えをいっそう深めたり、心を豊かにしたりするためには、「言葉」を正しく理解していくことが重要である。

四、文章（二）を読んで、次ぎの問いに対する最も適当な答えを①・②・③・④から一つ選びなさい。

問一　「それを文字どおりに信用したりしてはならないだろう」というのはどうしてか。

①　老人の声しか認識できない場合があるから。
②　女性の声しか認識できない場合があるから。
③　男性の声しか認識できない場合があるから。
④　子供の声しか認識できない場合があるから。

五、文章（三）を読んで、次ぎの問いに対する最も適当な答えを①・②・③・④から一つ選びなさい。

問一　①「まだまだ遠慮しないで、もっと食べてもいいんですよ」とあるが、

店の人はどういう考えでこう言ったか。最も適当なものを次から一つ選びなさい。
① 客が食べれば食べるほどそれだけ自分がもうかると考えたから。
② 客がラーメンをどんどん食べる様子が気持ちよく思えたから。
③ 客が遠慮していると思い、もっとすすめようと思ったから。
④ 客がとてもお中が空いていてかわいそうに思えたから。
問二　男が②「こんなことでよく商売が成り立つな。」と考えたのはなぜか、最も適当なものを次からひとつ選びなさい。
① その店の人が自分に無理に食べさせようとしたから。
② その店ではラーメンが一杯四百円しかしなかったから。
③ その店で食べたラーメンがあまりおいしくなかったから。
④ その店のラーメンは何杯食べても四百円だと思ったから。

読解類型分析

语言学是以人类语言为研究对象的学科，探索范围包括语言的性质、功能、结构、运用和历史发展，以及其他与语言有关的问题。语言学被普遍定义为对语言的一种科学化、系统化的理论研究。

通过对近14年来的日语专业四级考试中49篇阅读的分析，我们发现，涉及语言学的知识比较平均，共出现5篇，不过呈逐年递减的趋势。分别是在2004年、2005年、2007年、2008年。如图所示：

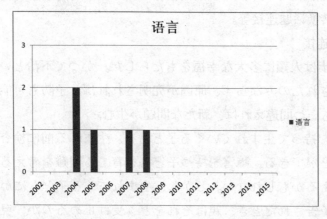

其中，长篇有3篇，分别在2004年、2007年、2008年，其余是短篇。其实，语言学是现在外语研究的热门，各个外语类专业都会开设语言学的相关课程，因为语言是人类最重要的交际工具，是思想的直接体现。适当掌握语言学相关的知识是十分必要的。

読解技法

信号词与句子之间的连接关系

日语语句的连接一般分为顺序连接、逆向连接、因果连接、并列递进连接、说明解释连接、比喻例示连接、对比选择连接、让步补充连接、论证连接和转换话题连接等。日语语句的连接关系是解答判断词义、短句填空、段落排列、指示判断、文章大意等题型的主要根据之一。

理解句子的连接关系要掌握连接各类句子时出现的信号词，这种信号词主要有：

（1）接续词和接续助词作为接续信号词。它们连接前后句子，相对数量比较少，是很重要的一部分。

（2）提示前句和后句的关联信号词。在无接续信号词提示前后句关系或接续词省略时，关联信号词往往起着举足轻重的作用。

关联信号词有三种：

①前后句有相互关联的词语，它们在概念上有着某种逻辑关系。

②前后句中的助词。如后句中出现的提示助词"も"则会和前句构成并列关系。

③前后句中的句型。如"もある、もある"是前后句构成并列关系的信号标志。

日语专业四级考试中经常出现的信号词主要表示逆向连接、让步补充连接、论证连接和转换话题连接等。

1. 逆向连接

医学で進歩は人類に多大な幸福をもたらした。かつて不治といわれた病が次々と克服されたのみならず、原因が究明されれば、予防も可能になる。しかし、進歩も一つ間違えれば、新たな問題が生む。

重い障害を持って生まれていくる子どもを、生まれる前に検査によって見つけ出すことができる。障害を持つ子どもを育てる困難を考えると、これは朗報だと思えるかもしれない。しかし、生まれてくる子どもにかなりの確率での障害を予告されたとき、親はそれをどう受け止めるのか。現実に社会の中で生活している障害者の人権、障害があってもなくても人は同じように神に愛されて生まれてくるのだと信じる人々の思いは大切である。不用意に検査が行なわれることは社会に複雑な思い問いを突きつけることになる。

第八課

問い：文章の内容にあっているものはどれか。
① 新しい技術によって、多くの病気が治るようになった。
② 早く検査をすれば障害児が生まれるのを防ぐことができる。
③ 社会生活をしている障害者の人権を守ることがまず大切だ。
④ 生まれる前の検査は安易に行なうべきではない。

文章开始讲"医学进步为人类带来幸福，很多病可以治愈"，一个表示逆转接续的信号词"しかし"把选项①给否定了。第二段开始讲"残疾儿童可以在出生前检查出来，考虑到培养残疾儿童的困难性，这可以说是一个好消息"，又一个表示逆转接续信号词"しかし"把选项②否定了。下面是说"人们的信念是重要的"，而不是"保卫残疾人的人权是重要的"，③也可以排除。最后一句是关键，"粗心的检查会在社会上遇到复杂而又重大的问题"，与④意思相符，因此④是正确的。

正解：④

2. 让步补充连接

ハイキングの費用はバス代を含めて一人千円です。ただし、昼食は各自ご用意ください。

前句说"郊游费用含车费每人一千日元"，表示补充的信号词"ただし"的出现，使句子的内容进一步扩展，"不过呢，中午饭费要自己准备"。

表示让步补充的信号词还有"ただ（不过）""なお（此外）""もっとも（但是）""もちろん（诚然）""ちなみに（附带说一下）"等。前句将意思基本讲明，后句再提出例外，点名注意事项，叮嘱要点，或顺便补充内容。

三木議員の発言は政局に大きな混乱をもたらした。ちなみに三木議員は去年も議会で爆弾発言をしている。

問い：前後の文はどんな関連か。
①因果関係
②時間・順序
③並列・添加
④並列・因果

从前句"大きな混乱をもたらした"和后句"爆弾発言をしている"的关系来看，后者是对前者的进一步解释，应该属于④"並列・因果"。

正解：④

3. 论证连接

私は車を持たないで、タクシーを利用することにしている。なぜかというと、タクシーなら、駐車場や維持費がかからず、結局安上がりだからです。
　　"なぜかというと"是一个表示提问的接续信号词。它提出问题，然后自己回答，来论证自己不买车的原因，论证连接是就前述事项进行论证，或提出原因、理由。前句多为作者的主要观点，后句和前句相同，但更具体更形象化。这类接续信号词一般是"なぜならば""なぜかというと""そのわけは""なんとなれば""というには""なぜかというなら"等，意思是"若问为什么"。

　　4.转换话题连接
　　もちろん、二度目に訪ねる時などは大変楽である。（　　）、これを教育にたとえば、前者は先生から一方的に何から何まで知識を得る詰め込み方式、後者は生徒が試行錯誤を繰り返し、自分で判断、体験しながら答えを発見するといういわゆる、ヒューリスティックな学習法である。
　　問い：文の（　　）には何が入るか。
　　①さて
　　②しかし
　　③したがって
　　④ただし
　　括号前说的是"第二次访问很轻松"，括号后却是另一个话题，应该是转换话题的形式。这四个选项中，①是转换话题，②是逆接，③是因果关系，④是进一步补充，因此①是正确的。
　　正解：①
　　转换连接题中的前句是基础，后句是叙述新问题，离开原题目进入新题目。这类信号词有"では（那么）""さて（言归正传）""ところで（话说回来）""それはさておき（闲话休提）"等。

言語文化コラム

けじめ

　　日常の生活や社会生活の中で、日本人が一番大切にしていると言ってもいい考え方が、「けじめ」です。日本人は、小さい頃から家庭や学校で、「ちゃんとけじめをつけない」「けじめのある行動をしなさい」と「しつけられます」。

第八課

　では「けじめ」とは何でしょうか。
　「けじめ」は、さまざまなところにみられます。たとえば、外国人が驚くことのひとつに、年末のデパートのディスプレイがあります。それまで各所にあったクリスマスツリーは、十二月二十五日を過ぎたらいっせいにお正月の門松に変えます。これも、「けじめ」を重んじる日本人の感性とえ言えるでしょう。
　「けじめ」とは、基本的には、「区別をはっきりさせる」ということです。特に、TPO（時や場）や相手との関係をよく考えて、それにふさわしい態度や行動をとることを指します。
　例1：勉強するときは勉強する、遊ぶときは遊ぶ。けじめのある生活をしなさい。
　例2：あの二人は仕事中もおしゃべりばかりしていて、公私のけじめがない。
　日本人は、同じ人と話す場合でも、それが仕事の席なのか、プレイートな場面なのかを考えて、言葉づかいや態度を変えます。それが「けじめをつける」ということです。どんなに親しい友人や恋人同士でも、会社で仕事をするときには敬語を使い、ほかの同僚と同じように接しなければなりません。プレイートで仲がいいからといって、仕事中に親しそうな話し方をしたり、プレイベートな話題について話したりしていると、周りの人に悪い印象を与えることになり、「なんてけじめのない人だ」と思われることとなります。
　人と人の関係の中で、けじめをつけることは非常に重要で、相手が自分より目上なのか目下なのかという上下関係、内の人か外の人か、男か女かなどの言葉づかいや態度を変えます。たとえば、仲のいい友人でも、もし、その人が仕事の上でお客さんになったら、「外」の人と接するときの言葉づかいをしなければなりません。もし、その人が自分の上司になった場合は、目上の人に対する言葉づかいや態度で接する必要があります。「友人はどんなときでも友人だ」と思う人もいるかもしれませんが、時と場合によってちゃんと区別して考えること、これが「けじめ」です。
　日本人にとって、「けじめをつける」ことは、決して相手との親しい関係を損なうことにはなりません。むしろ、けじめをつけることで、相手をより尊重していることになるのです。
　日本人の行動規範の中で、この「けじめ」という観念はおそらく一番重要なものだろう。「けじめ」とは、区別や差別化ということであるが、それは単なる区別や差別化ではない。公と私、内と外、男と女、目上と目下、先輩と後輩、先生と生徒など、社会におけるあらゆる関係を意識し、さま

ざまな状況の中で、はっきり違いを持たせて言語や行動に表すことである。

　日本人は小さい頃から、親にずっと「お兄ちゃんなんだから、男の子なんだから、○○しなさい」などと「しつけられて」育つ。学校に行くようになれば「先生に対して、上級生に対して、その言い方は何ですか」と教育を受ける。そして、就職して会社に入れば、上司に対して、顧客に対して、どのような言動をとらなければならないかを学んでいく。このように日本人は、家庭や学校、職場などあらゆる場所において、「けじめ」の意識を持つことが要求され、それができなければ、「けじめがない」「だらしない」と批判されるのである。

　こうして、敬語などの言葉づかいはもちろん、目上・目下などの人間関係を学び、上司や顧客に対する態度・姿勢などの社会的な行動規範を身につけ、一人前の「日本人」に育っていくのである。

第九課

（一）言葉の忠実性

　一九八〇年代に「女性の時代」と言われてから、もはや二〇年がたとうとしている。確かに表面的には、女性はより自由に、より強くなったと言えるかもしれない。しかし、仮にそうであったとしても、それは多くの場合、女の一生のうちの一部である若い時にのみ当てはまることが多いと言ってもいいのではないだろうか。若いうちは、回りからちやほやされたり、仕事も遊びも自由に楽しんでいた女性も、結婚や出産を機に、会社の慣習や回りの希望などに従って仕事を辞め、家事に専念することを①余儀なくされることもまだまだ多い。そして、結婚後も何とか仕事を続ける女性も含めて、結婚した女性は、②男性中心の価値観に基づく「いい妻」「いい母」になることを最優先するように、暗に社会から、回りから期待されるのである。そして、個人の選択として、社会が勝手に決め付ける「適齢期」を過ぎても結婚していない女は、「オールドミス」「ハイミス」などと、時代によって呼び方は③変われど、同じような否定的な意味合いを込めた言葉で呼ばれることになるのである。

　そういう社会環境の中で、また、④そういう価値観が既に埋め込まれた言葉を用いて、結婚した女は人生のパートナーである夫を、何の抵抗もなく、あるいは、一般的な呼び方であるからと言って「主人」と呼ぶようになる。また、「外で働く」女性も含めて、夫が自分のことを「家内」と呼んでも何の抵抗も感じなかったり、⑤単なる「符号」としての言葉だからとやり過ごしてしまう。そして、家庭の中では、名前ではなく「おい」と呼ばれて、「はい」と返事するようになっていく。「悪妻」という言葉はあっても、「悪夫」という言葉はない。⑥「悪妻」という言葉は、謙虚な女が自らを「悪妻」であると反省する気持ちを強化している。それに対して自らが「悪夫」であると顧みたことのある男がどれほどいるだろうか。このことはこれまでの社会的風土が「悪夫」という言葉を生まなかったことと無関係ではない。つまり該当する言葉がないことがその概念、内容を意識することを妨げている。

　女はまた、これまで無意識のうちに染み付いた「規範的」な言葉遣いに従って、

　誰かに何かを強く要求したいような時でさえ、「片付けてよ！」「やめて！」と、命令形ではなく、柔らかい依頼形を使う。言葉の形は、女というものは、基本的に人に「命令」する立場にはなく、⑦「お願い」しなければならないものであるという、前近代的な男性中心的価値観を如実に反映しているのである。また、男言葉では「おい、ビール飲むか」と普通体を使えるのに、女言葉では「あなた、ビール飲みますか」と丁寧体を使わなければならない。相手に答を「要求する」という、ある意味で強い行為である「質問」をする場合には、女は、男より「丁寧な形」を用いるのが一般的になっているのである。

　このように、「女言葉」や「女を表す言葉」には、従来の男女の役割に対する固定観念や、社会が女性に押し付けている柔らかさや丁寧さといったものが、ことごとく埋め込まれているのである。にもかかわらず、大半の人はそれらの言葉のもともとの意味や、ましてや文法形式の機能のことなど考えもしない。そして、幾多とある⑧女性にかかわる前近代的な価値観が埋め込まれた言葉を、深く考えることなく、あるいは単なる符号だと言い聞かせながら使っているのである。しかし、⑨言葉というものは、私たちが自覚している以上に、自らの思考や行為に影響を与え、時にはそれらを形作ってさえいくものである。言葉は「単なる符号」ではない。

　私たちは自らの生き方に忠実な言葉を使わなければならない。⑩さもなければ、ついには、言葉に忠実な生き方をするようになってしまう。

――――（二）　文字の力――――

　言葉の姿である文字には、意味と印象がまとついています。しかし新聞を読む私たちは文字の意味を読み取るだけで、文字の印象を（　①　）ことはまれです。ところが［地震］という本文用の小さな文字も、拡大されて見出しになると［地震！］、感嘆符つきの印象を意味と一緒に読まされている、と気付くはずです。

――――（三）　言葉と考え――――

　モンテーニュは、こういうことをいっている。世間にはよく、心では思ってい

るのだけれど、どういっていいかわからない、という人がある。その人は、たいへんいいことを考えている人のように見えるが、言葉にならないということは、心の中にはなんにもないということである。もし考えがあるならば、言葉続々として従うという。

　確かに、言葉にあらわしてみて、はじめて自分の考えのつまらなさがわかることがある。何かすばらしい考えでもあるように思っているだけである。後世の哲学者はみなこの意味のことを言っている。

　考えると言うのは、言葉や文字で考えるのである。言葉になったものが考えなのである。

単　語

（一）

もはや	（副）	已经、早已
当てはまる（あてはまる）	（自五）	适用、适合
ちやほや	（副・自サ）	溺爱、娇生惯养，捧，奉承
専念（せんねん）	（名・自サ）	一心一意，专心致志
暗に（あんに）	（副）	暗中、私下、背地，悄悄
オールドミス	（名）	老处女、老姑娘、过了婚期的独身女人
ハイミス	（名）	老姑娘、错过了婚龄的处女、已过妙龄的未婚女郎
パートナー	（名）	伙伴，合作者、合伙人，舞伴
やり過ごす（やりすごす）	（他五）	让过去，做过头、做过火，过度
顧みる（かえりみる）	（他上一）	往回看、回头看，回顾，顾虑
如実（にょじつ）	（名）	真实、如实
ことごとく	（名・副）	所有、一切、全部、全都
ましてや	（副）	况且

（二）

感嘆符（かんたんふ）	（名）	感叹号、惊叹号、叹号

（三）

モンテーニュ	（人名）	法国思想家蒙田

文 法

1. ～としても

"～としても"表示"～と仮定しても""（假设）即使……也……"。其接续为：名词＋だ、用言的终止形。"～とて"是其古语。

○ その品は、安いとしても五万円は下らないよ。
（那件商品即使便宜，也不会低于五万日元。）

○ 仮に目的が正しいとしても、手段を誤れば必ず失敗する。
（即使目的正确，如果办法错误也必定会失败。）

○ たとえ試験に落ちたとしても、これまでの勉強が無駄になるわけではない。
（即使落榜，之前的学习也并非无用。）

○ 今更愚痴を言ったとて（⇔としても）何になる。
（事到如今，即使发牢骚又会怎样。）

2. ～をきっかけに／～を契機に／～を機に

表示"～を〈機会・動機〉に～する"，意思是"以……为契机"。"～を契機に／～を契機にして"多用于报纸等，表示以较大事情来作为后项出现新的事态变化的起点。"～をきっかけに（にして／として）""～を機に"则用于以个人事情为动机开始新的行为。另外，"～がきっかけとなって""～が契機となって"则作为自动词使用。其接续为：名词、用言连体形＋の。

○ 何をきっかけに、ジョギングを始められたのですか。
（以什么为契机开始慢跑的呢？）

○「これをきっかけに、今後ともよろしくおつきあいをお願いします」「こちらこそ」
（"希望以此为契机今后交流顺利。""彼此彼此。"）

○ 新人賞獲得をきっかけにして、その若手小説家はめきめきと頭角を現してきた。
（以获得新人奖为契机，那位年轻的小说家迅速崭露了头角。）

○ A銀行の倒産を契機にして、各地で取り付け騒ぎが起こった。
（A银行倒闭后，各地发生了挤兑骚乱。）

○ 退職するのを機に、自分のこれまでの経験が生かせる国際交流の活動に参加したいと思っています。
（我想退休后去参加能发挥自己之前经验的国际交流活动。）

3. ～ことなく／～ことなしに

意思是"没有……而"。"～ことなく"表示"～しないで～する""～ことなしに"表示"～しない状態で～する"。多数情况下可以互换，"～ことなく"比"～ことなしに"的使用范围更广。其接续为：动词的原形。

○ 彼は雨の日も風の日も、休むことなく働き続けた。
（他风雨无阻地继续工作。）
○ 相手の心を傷つけることなしに、間違いを正すことは難しいことだ。
（在不伤害对方的情况下纠正他的错误是非常困难的。）
○ 原則を変えることなく、現実に柔軟に対応することが大切だ。
（不改变原则，灵活应对现实很重要。）
○ 額に汗して働くことなしに手に入れた泡銭は、身に付かぬものだ。
（不付出辛苦工作而得到的钱，终是不属于自己的。）

練 習

一、次ぎの漢字に振り仮名をつけなさい。

慣習（　　）	適齢（　　）	価値観（　　）
悪妻（　　）	謙虚（　　）	反省（　　）
言葉遣い（　　）	行為（　　）	忠実（　　）
感嘆符（　　）	気付く（　　）	哲学者（　　）

二、次ぎの片仮名に適当な漢字をかきなさい。

1. 家事にセンネンする（　　）　　2. ヨギなくされる（　　）
3. アンに反対する（　　）　　4. ニョジツに反映する（　　）
5. コテイ観念（　　）　　6. モジの印象（　　）
7. ゾクゾクとして従う（　　）

三、文章（一）を読んで、後の問いに答えなさい。答えは、①・②・③・④から最も適当なものを一つ選びなさい。

問一　①「余儀なくされる」の正しい意味は次のどれか。
　　　① やまざるを得ない
　　　② せざるを得ない

③ しなくてもよい
④ すべきである

問二 ②「男性中心の価値観に基づく『いい妻』『いい母』」とはどういう意味か。
① 女性が「いい妻」「いい母」になっているのに、男性はそれを認めていない。
② 女性は仕事を続けている限り、「いい妻」「いい母」になるのが難しい。
③ 女性は何よりもまず仕事を辞めて「いい妻」「いい母」になるべきだ。
④ 女性は男性の気にいられるような「いい妻」「いい母」になるべきだ。

問三 ③「変われど」と同じ意味を表す語句は次のどれか。
① 変われば
② 変わったけど
③ 変わっても
④ 変わらないが

問四 ④「そういう価値観」とはどんな価値観か。
① 女尊男卑の価値観
② 男性中心の価値観
③ 男女平等の価値観
④ 女性中心の価値観

問五 ⑤「単なる『符号』としての言葉だからとやり過ごしてしまう」の中にある「やり過ごしてしまう」とはどんな意味か。
① 問題にしてしまう。
② 無理にしてしまう。
③ 問題にしない。
④ 無理にしない。

問六 ⑥「『悪妻』という言葉は、謙虚な女が自らを「悪妻」であると反省する気持ちを強化している」とはどんな意味を表しているのだろうか。
① 悪妻という言葉があるため、謙虚な女が悪妻にならないように反省する気持ちを強くしている。
② 悪妻という言葉があるため、謙虚な女が反省しないと悪妻になるという気持ちを強くしている。
③ 悪妻という言葉があるおかげで、謙虚な女が自らを悪妻であると反省せざるを得なくなった。
④ 悪妻という言葉があるおかげで、謙虚な女が自らを悪妻であると反省す

るようになった。

問七　⑦「『お願い』しなければならないものである」にある「もの」とはどんな意味を表しているのか。
　　①　女という人間の表現の特徴。
　　②　女という人間一般の意味合い。
　　③　過去に起きた出来事への回想。
　　④　「お願い」の気持ちを強調する。

問八　⑧「女性に関わる前近代的な価値観が埋めこまれた言葉を」とある画、その言葉の特徴は何か。
　　①　主人と悪妻
　　②　家内と悪夫
　　③　適齢と婚期
　　④　家事と仕事

問九　⑨「言葉というものは、私たちが自覚している以上に、自らの思考や行為に影響を与え、時にはそれらを形作ってさえいくものである」とはどんな意味か。
　　①　私たちは、言葉というものが自らの思考や行為に影響を与え、時にはそれらを形作ってさえいくものであるということを全然自覚していない。
　　②　言葉というものは、私たちが自覚しているように、自らの思考や行為に影響を与え、時にはそれらを形作ってさえいくものである。
　　③　言葉というものは、私たちが自覚していることよりも、自らの思考や行為に影響を与え、時にはそれらを形作ってさえいくものである。
　　④　私たちの思考や行為に影響を与え、時にはそれらを形作っていくという言葉が果たす役割は、私たちの自覚している以上のものがある。

問十　⑩「さもなければ、ついには、言葉に忠実な生き方をするようになってしまう」にある「言葉に忠実な生き方」とはどんな生き方なのか。
　　①　言葉が符号であるとわきまえて、言葉の意味する所と違う生き方。
　　②　言葉は符号であることを理解できず、本気に信じて生きる生き方。
　　③　価値観が埋め込まれた言葉に従って生きる生き方。
　　④　回りにちやほやされて、女性らしく生きる生き方。

四、文章（二）を読んで、次ぎの問いに対する最も適当な答えを①・②・③・④から一つ選びなさい。

問一　（　①　）に入る一番適当な言葉はどれか。
①　気になる
②　気に入る
③　気にする
④　気に掛かる

問二　作者が言いたいことは何か。
①　私たちは気が付かなくても文字の印象の影響を受けている。
②　拡大された文字は小さいな文字より印象が強い。
③　私たちは文字の意味より印象に注意している。
④　文字が拡大されると意味が変化する。

五、文章（三）を読んで、次ぎの問いに対する最も適当な答えを①・②・③・④から一つ選びなさい。

問一　この文章の内容に最も近いものは、どれか。
①　言葉で表せなければ、本当に考えたことにはならない。
②　本当に考えていえば、言葉に表す必要はない。
③　いい考えと言うのは、言葉に表せないものだ。
④　言葉に表せるのは、たいていつまらない考えである。

読解技法

利用文章结构关系推测词义

单词在文章中构成特定的关系，例如定义、重述、解释、举例等，利用这类关系可以在一定程度上推测出某一单词在文章中的含义。

一篇文章中如果出现了新概念、生词或新的词语用法，往往会有对此的定义、解释、说明或同义重述。利用这些内容，就有可能判明其意思。像「～とは」之类的词，是很明显的定义标记。

例：

会社は「ホウレンソウ」で動いている。これは「報告・連絡・相談」の略語で、いわば、会社の神経だ。これが麻痺すれば、会社は弱体化してしまう。

【問い】「ホウレンソウ」とは何か。
①野菜の名前
②会社の名前
③「報告・連絡・相談」の略語
④人間の神経

短语开始处的「ホウレンソウ」是什么意思呢？单从发音看是"菠菜"的意思，但在文章中该怎样理解？往下看有单词的内容重述："これは「報告・連絡・相談」の略語で、いわば、会社の神経だ（这是'报告・联系・商量'的缩略说法，是公司的神经系统）"一句，可知意思是"报告・联系・商量"，即取日语中"報告・連絡・相談"的第一个发音构成的缩略词"ホウ・レン・ソウ"。

正解：③

言語文化コラム

人　目

　　日本人は、「恥」の意識がとても強い民族だと言われています。「恥ずかしい」と思う感覚や「恥」の意識の裏には、自分の行動や態度を周囲の人がどう思っているのか気にする気持ちがあります。日本人はいつも自分のことを他人がどう思っているか意識しながら生きていると言っても、決して大げさではありません。

　　この場合、他人というのは特定の「誰か」ではなく、周囲の人や「世間」一般の人々です。このような周囲の人の視線、「世間の目」のことを、「人目」と言います。

　　例１：彼女に話しかけたかったけど、人目が気になって、できなかった。
　　例２：犯罪は人目のない所で行われることが多い。

　　外国人が日本で電車に乗ったとき、乗客がとても静かなことに驚く、と聞きます。これは日本人が、人の大勢集まるところでは、いつも「人目」を気にしていて、人から注目されるようなことをしないようにしてるからだと言えるでしょう。

　　日本人がどれほど「人目」を気にするのかは、日本語の中に、人目に関わる表現が非常にたくさんあることからもわかります。

　　「彼は母親の葬式のとき、人目もはばからずに（＝周囲の人のことを気にしないで）大声で泣いた。

「このポスターをどこか、人目につく場所（＝他人からよく見える場所）に貼っておいて」「彼はいつも人目をひくような（＝他人の注意を向けさせるような）派手な服を着ている」。

「会社を首になったが、人目がうるさいから（＝他人に知られていろいろ聞かれたりすると面倒だから）毎朝、出勤するふりをしている」。

「電車の中で平気で抱き合うなど、今の若い人の行動には人目に余るのがある（＝他人の目から見ると不快に感じる）」。

「犯罪者の家族は、人目を避けるようにして（＝周囲の人の視線をさけるよいにして）」生活している」。

「昔の恋人たちは、人目を忍ぶようにして（＝他人の視線を気にしながら）会っていたものですよ」。

「二人は、人目を盗んで（＝人に見つからないようにこっそりと）、密会を重ねていた」

このように見てくると、日本人の心理の中で、周囲の人の視線、世間の目というものが、いかに強く意識されていたのかがわかります。現代においては、その意識は多少薄れて来ていますが、それでも「人目」はまだ人々の行動や態度に大キな影響を与えていると言えるでしょう。

「人目」に関わる表現がこのように多いのは、日本人がいかに他人の視線、世間の目を気にしながら日常生活を送っているか、ということを示すものだが、実はこの「人目」という言葉は、古く「万葉集」の歌の中にも見られる。

「うつせみの人目繁けばぬばたまの夜の夢にを継て見えこそ」

（＝世間の人目が多いので、夜の夢の中に続けて現れてください）

「うつせみの人目を繁み岩橋の間近き君に恋わたるかも」

（＝人目が多いために、こんなに近くにいるあなたに会えず、恋しく思っています）

「かくばかり面影にのみ念ほえば如何にかもせん人目繁くて」

（＝あなたの面影だけが浮かんできて、現実に会えないのがつらい、人目がうるさいので）

「万葉集」は伝承の時代から八世紀半ばまでの和歌を集めた日本最古の和歌である。この中には、皇族 貴族から庶民に至るまで、幅広い階層の人々がうたった和歌が四千五百首収められている。このような古い時代からすでに日本人は、世間の目をきにしながら恋し、生きていたことがわかる。

第十課

（一） 知的末世

　　このごろは「知的生活」が流行している。仕事をしている人もかなり難しい本を読むらしい。衣食足りて礼節を知る、という。いまの世の中が衣食足りているかどうかわからないが、教養の本を読む人が増えたのは、豊かになった証拠である。①結構なことだ。[A]結構でないこともある。えらい人の書いた文章が②申し合わせたように難しい。一度読んだくらいでは、何を言おうとしているのか、わからない。

　　悪文ではないか、と思うが、③めったなことは言えない。お前は、こんなものが分からぬのか、とやられる恐れがある。何とかわかろうとして読むのだが、[B]はっきりしない。[C]、自分の頭は本当に悪いのかもしれない。そんなこと、人に気取られては大変だ。人には、「田中さんの課長ってすごいなあ」というようなことを言う。何がすごいかはっきりしないから安全である。相手も心得たもので、「そう、すごい。まったく」と相づちを[D]くれる。

　　④こういうことを繰り返していると、だんだん難解な文章に鈍感になってくる。なれというもの[E]恐ろしいことはない。文章はやさしいほうがいい。鈴木氏のようなわけの分からぬのは困る、そんなことを言う人間がいると、頼まれもしないのに鈴木さんの肩をもって、キミ、ああいう文章でなくちゃ言えないってコトもあるんだよ。何でもやさしく、やさしくってのは、読者をバカにする思想だ。…などといきまくようになる。

　　こういうのを末世と言う。いまはその末世である。

　　えらい人の書いた文章はどこか冷たい。不必要な漢字がのたうち廻っている。いちばん情けないのは、一度だけでは意味がとれないで、外国語みたいに、同じところを二度も三度もなぞってみなくてはならないこと。声を出して読むと舌をかみそうになる。

　　一度読んで分からないくらいだから、おもしろくないのは当たり前かもしれない。お経の文句かなんかなら別だが、普通の文章は、おもしろくなくてはつまらない。⑤書く人は読む人にもっとサービスしてもらいたい。

——（二）学力——

　　私は東大に合格しましたが、学力だけで言えば、私の息子は中学二年生ですが、当時の東大に合格する学力を備えています。ですから、私はそれ以上①相談に乗ってやれません。ですから、私は、おまえどこへ受かってもいいよ。お父さんは怒らないよ。何やら大学に行かなくてもいいよと、すぐそういうふうに言うわけです。②自分がかつてやったから言えるわけです。そういうお父さんがもっと増えればノイローゼも減るんじゃないかと思います。③自分のことを言ってすみませんけど、そういうふうな気がしております。

——（三）父親——

　　私の知っている寿司屋の若主人は、亡くなった彼の父親を、いまだに尊敬している。死んだ肉親のことは多くの場合、美化されるのが普通だから、彼の父親追憶も①それではないかと聞いていたが、②そのうち考えが変わってきた。
　　高校を出たときから彼は寿司屋になるすべてを習った。父親は彼のこ飯に炊き方が下手だとそれをひっくりかえすぐらい厳しかったが、何といっても腕に差があるから文句が言えない。だがある日、たまりかねて③「なぜ僕だけに辛く当たるんだ」と聞くと、「俺の子供だから辛く当たるんだ」と言い返されたと言う。

単　語

（一）

悪文（あくぶん）	（名）	拙劣的文章
滅多（めった）	（名・形动）	胡乱，鲁莽
気取る（けどる）	（他五）	察觉、猜测到
心得る（こころえる）	（他下一）	理解
相づち（あいづち）	（名）	帮腔，随声附和
鈍感（どんかん）	（名・形动）	感觉迟钝
肩を持つ（かたをもつ）	（词组）	偏袒、袒护

息巻く（いきまく）	（自五）	怒气冲冲
末世（まっせ）	（名）	道德败坏的世界
のたうち廻る（のたうちまわる）	（自五）	（痛苦得）满地打滚
なぞる	（他五）	描（字、画、图形等）

（二）

備える（そなえる）	（他下一）	具备、具有
受かる（うかる）	（自五）	考取、考上
何やら（なにやら）	（副）	某些、有些，……之类
気がする（きがする）	（词组）	感觉、感到

（三）

美化（びか）	（名）	美化
追憶（ついおく）	（名）	回忆、追忆
炊き方（たきかた）	（名）	煮饭的方法
文句（もんく）	（名）	牢骚、意见

文法

1. 何とか～う（よう）とする

"なんとか"表示"有意识地想办法，设法"；后续表示意向行为的动词，表示为实现该动作行为而进行的努力或尝试。意思是："想尽办法干……"。

○ 王さんはなんとか頑張ろうとして仕事を完成させたい。

（小王竭尽全力完成工作。）

○ 李さんは今回になんとか東大に入ろうとしている。

（小李这次无论如何都想要考入东大。）

○ なんとかして田中さんを助け出そうとしている。

（无论如何都要想办法救出田中。）

2. ～でなくては（ちゃ）

前接名词/形容动词词干，表示"若不是……的话"；前接形容词则变为"くなくては"，接动词则变为"なくては"。

○ どんなにお金があっても健康でなくては幸せにはなれない。

（无论多么有钱，若不健康的话，就不能获得幸福。）
○ 聞いてみなくちゃわからない。
　　（如果不问问的话，我可不懂呀。）
○ 家族がいなくては、生きていけない。
　　（如果没有家人，我就无法生活下去。）

3. 何やら
　　　表示不能确切地指明某事，意思是"总觉得……""好像……"。
○ みんなであつまって、何やら相談をしているらしい。
　　（大家聚集在一起，好像在商量着什么事。）
○ この歌を聞いていたら、何やら悲しい気分になってしまった。
　　（听了这首歌，不知为什么伤感起来了。）
○ 何やら雨が降りそうな天気ですね。
　　（好像要下雨的天气呀。）

練　習

一、次ぎの漢字に振り仮名をつけなさい。

礼節（　　　）　　教養（　　　）　　証拠（　　　）
読者（　　　）　　結構（　　　）　　一度（　　　）
悪文（　　　）　　末世（　　　）　　相手（　　　）
難解（　　　）　　鈍感（　　　）　　文句（　　　）

二、次ぎの片仮名に適当な漢字をかきなさい。
1. ガクリョクを備える（　　　　）　2. ソウダンに乗る（　　　　）
3. ソンケイする（　　　　）　　　　4. ニクシン（　　　　）
5. ビカされる（　　　　）　　　　　6. ツイオク（　　　　）
7. コウコウを出る（　　　　）　　　8. スシヤになる（　　　　）

三、文章（一）を読んで、後の問いに答えなさい。答えは、①・②・③・④から最も適当なものを一つ選びなさい。
　問一　文中の［A］～［E］に入れるのに最も適当なものを1、2、3、4の中から一つ選びなさい。

[A]
① さらに
② では
③ つまり
④ ところが

[B]
① どうも
② どうにか
③ どうか
④ どうやら

[C]
① まさに
② さすが
③ さぞ
④ ひょっとすると

[D]
① 取って
② 切って
③ 受けて
④ 打って

[E]
① ほど
② のみ
③ さも
④ まで

問二 ①「結構なこと」は何をさしているか。最も適当なもの①・②・③・④の中から一つ選びなさい。
① 衣食足って礼節を知ること。
② 衣食足っているかどうか分からないこと。
③ 教養の本を読む人が増えること。
④ 豊かになった証拠があること。

問三 ②「申し合わせて」とはどういう意味か。最も適当なものを①・②・③・

④の中から一つ選びなさい選びなさい。
　　① あらかじめみんなで相談しておいた、ということ。
　　② 相手に受け入れてもらおうと提案した、ということ。
　　③ そのことが正しいと相手を納得させた、ということ。
　　④ ほかの人に命令してやらせた、ということ。
　問四　③「めったなことは言えない」のはなぜか。最も適当なものを①・②・③・④の中から一つ選びなさい選びなさい。
　　① こんなことを言うのは、子供っぽいから。
　　② えらい人の書いた文章が、実は悪文ではないから。
　　③ こんなことを言うと、あとで非難されそうだから。
　　④ 自分の書く文章には自信がないから。
　問五　④「こういうこと」とはどういうことか。最も適当なものを①・②・③・④の中から一つ選びなさい選びなさい。
　　① えらい人の書いたすばらしい文章を、悪文だなどと思うこと。
　　② 文章が難しくて理解できないのに、分かったようにふるまうこと。
　　③ 自分の頭は本当に悪いのかもしれないと思い、自信を失うこと。
　　④ 自分の理解力のなさを、人に気取られまいとすること。
　問六　⑤「書く人は読む人にもっとサービスしてもらいたい」とは、どんなことをしてもらいたいのか。最も適当なものを①・②・③・④の中から一つ選びなさい選びなさい。
　　① 文章に敏感になってもらいたい。
　　② やさしい文章を書いてもらいたい。
　　③ 難解な文章を書いてもらいたい。
　　④ 外来語は使わないでもらいたい。

四、文章（二）を読んで、次ぎの問いに対する最も適当な答えを①・②・③・④から一つ選びなさい。
　問一　①「相談」とあるが、何についての相談か。
　　① 学力
　　② 進学
　　③ 入学試験
　　④ ノイローゼ

問二　②「自分がかつてやった」とはどういうことか。
　　①　筆者が息子に言った通りにしたこと。
　　②　筆者が息子と一緒に勉強していること。
　　③　筆者が昔同じような経験をしたこと。
　　④　筆者が他のお父さんと同じようなことを言った。
　問三　③「自分のことを言ってすみませんけど」とあるが、誰に「すみません」か。
　　①　読者
　　②　息子
　　③　筆者
　　④　家族

五、文章（三）を読んで、次ぎの問いに対する最も適当な答えを①・②・③・④から一つ選びなさい。
　問一　①「それ」が指す内容として最も適当なものはどれか。
　　①　死んだ肉親の追憶。
　　②　死んだ肉親の美化。
　　③　死んだ肉親への尊敬。
　　④　死んだ肉親の厳しさ。
　問二　②「そのうち考えが変わってきた」のは誰の考えか。
　　①　筆者
　　②　寿司屋の若主人
　　③　亡くなった父親
　　④　死んだ肉親の息子
　問三　③「なぜ僕だけに辛く当たるんだ」とあるが、「辛く当たる」とはこの場合どういう意味か。
　　①　激しくぶつかる。
　　②　必要以上に厳しくする。
　　③　理由を言わずに殴る。
　　④　何も教えてくれない。

読解類型分析

　　文学是以语言文字为工具，形象化地反映客观现实、表现作家内心世界的艺术，包括诗歌、散文、小说、剧本等，是文化的重要表现形式，以不同的形式表现内心情感，再现一定时期和一定地域的社会生活。

　　通过对近14年来的日语专业四级考试中49篇阅读的分析，我们发现，涉及文学的篇幅比较多，共13篇，分别是在2002年、2003年、2004年、2006年、2007年、2009年、2011年、2014年。如图所示：

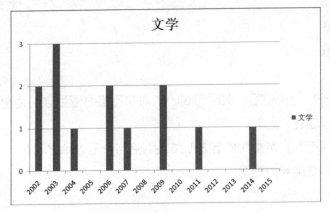

　　其中，长篇有4篇，分别在2002年、2006年、2011年、2014年，其余9篇是短篇。由文学类阅读数量之多，可见文学的重要性。所以，掌握好文学理论、阅读文学作品的技巧等是十分必要的。

読解技法

利用文章中的图示、图表等附加信息推测词义

　　有时文章中有图示、图表等附加信息、资料，以这类信息为参照，可以推测出某一单词在文章中的词义。

　　一些文章为了便于说明，常配有图示图表，这就为我们理解文章、推测其中词语的意思提供了直观的手段。阅读文章时遇到了生词，如果感觉它对理解全文有影响，可先前后看看是否有图示、图表等相关附加信息。

　　例：

猫の目　草―緑なら自然か

　　昔、<u>モンシロチョウ</u>（注1）で実験してみたことがある。ケージ（注2）の

地面にいろいろな色の大きな紙を敷き、チョウがどの色の紙の上をよく飛ぶかを調べたのだ。やはり緑色の紙の上を、もっとも好んで飛ぶようであった。なるほど、チョウは緑色であれば紙でもいいのだな、とぼくは思った。
　けれどこれは、チョウチョにはたいへん失礼な思いちがいであった。ほんものの草を植えた植木鉢をたくさん並べたら、チョウは緑色の紙など見向きもせず、ほんものの草の上ばかりを飛んだのである。
　　注1：モンシロチョウ：ここでは「チョウ」「チョウチョ」もモンシロチョウを指す。
　　注2：ケージ：鳥などを入れるかご。
　【問い】「モンシロチョウ」とは何か。
　①チョウの一種
　②草の一種
　③紙の一種
　④鉢の一種

　短文下划线的黑体字"モンシロチョウ"，虽然短文后面已有注释，但如果还是不太明白，可以看后面的图示。至少可以明白地看出是一种"ちょう/蝴蝶"。至于要弄清楚是什么蝴蝶，则可根据文章阅读或答题的需要取舍。
　正解：①

言語文化コラム

素　直

　「素直」というのは、ありのままだ、純粋で素朴だ、という意味で、心がまっすぐでねじれていないことを表す言葉です。
　もともと日本人は自然のままのもの、人の手を加えていないものに価値があると考え、派手に飾ったものよりも、地味なもの、素朴なものを好みます。そのため、人の性格についても、「素直」であることが高く評価されるわけです。
　例1：あの子は素直で、とてもいい子だね。
　子どもは一般に、大人のように人を疑ったりしないものです。そのため、大人の言うことを疑わないで「素直」に聞く子どもは、子どもらしい、いい子だと褒められ、反対に、大人の言うことを疑ったり、親に注意されても言い返したりするような子どもは「素直じゃない」子どもらしくないと

悪く思われます。

　素直であることは、大人になってからも求められることがあります。
　例2：自分がやったと素直に認めなさい。
　例3：上司の指示に素直に従う。
　例4：彼は人の言うことを素直に受け取らないので、話していて疲れる。
　「素直」は本来、心が曲がっていないことを指す言葉ですが、例2や例3では、「いさぎよさ」や「従順さ」と同じような意味として使われます。つまり、日本人にとって、「素直であること」は、「いさぎよいこと」や「従順であること」と同じような好ましいものと考えられているということです。
　反対に、人の言うことを素直に受け取らないような性格の人のことを、「へそ曲がり」（＝へそが体の中心にないという意味で、性格がゆがんでいる人）と言います。

第十一課

――――（一） 日本茶の存在感 ――――

　かつて政治家の選挙事務所の取材をした。選挙運動中は、応援者や街の人々、取材記者など、さまざまな客が事務所を訪れる。そのとき、もしも、コーヒーあるいは紅茶でもてなすと、それは選挙法違反になる。ところが、日本茶では違反にならないそうなのだ。当事者の説明によると、「つまり基本的に日本茶は、お金がかからないという先入観念があるから、賄賂にはつながらないのでしょうな。」
　（　①　）実際には日本茶も、紅茶やコーヒー同様に、相応の経費がかかっているのである。
　あれから十年以上の歳月が経っているので、その後の②日本茶問題がどういう方向に向かったかは知らないが、とにかくその話を聞いたときは、おお、なんて③日本茶がかわいそうな存在であることかと深く同情したものだ。そして私だけではなく、日本人の多くが日本茶を不当に扱っていることを確信した。
　そういう意味では何となく、日本茶は亭主にとっての奥さんの存在に似ている。
　奥さんがどんなに元気に家中を走り回って家を整理整頓しようが、たくさん洗濯をしようが、おいしい御飯を作ろうが、亭主はあたりまえだと思っている。あえて評価する気も、改めてお駄賃を支払うつもりもさらさらない。養っている以上、主婦がそれだけの仕事をするのは当然だと、考えているのだろう。しかし、主婦の側に立ってみれば（立ったことないんですけどね）、毎日のこととはいえ、もう少し感謝の気持ちを表してくれてもいいんじゃないかと、内心寂しく感じているのではないか。
　日本茶はそんなところが主婦に少しにているような気がする。
　飲食店に入れば、挨拶がわりにサービスされるものだと思い、わざわざメニューに目を通して選ぶほどの飲み物とは考えていない。

（二）再会

　　青春時代、文学を語ったボーイフレンドから再会したいとの電話があった。私は慌てた。何しろ半世紀以上（　①　）。女は老けやすい。初恋の相手ではないが迷う。思い切って会えば、同時代をどう生きてきたか話題は極めて豊富である。再会することによって嫌われたり嫌われたっていい。②開き直って最寄りの駅で会うことにした。おしゃれをすると薄着になり風邪を引くのでズボンは離さず、ジャンバーだけコートに変えた。

　　約束した時刻、駅の改札口で待つことしばし。果たしてお互いの顔のみわけが付くだろうか。向こうでもそんな気持ちでいるに違いない。分からなかったらどうしよう。仕方がない、運を天に任せようと思って時計の針を見上げていると、電車がついてどっと乗客がおりてきた。

　　テレパシーといおうか、それらしい人がじっとこちらへ視線を注いで近付く。③私はちょっと耳の所まで手を挙げた。近付いてくる人の視線がたちまちこれに答えた。答えた笑顔の中に半世紀の面影が浮かんだ。

（三）変わりません

　「太田さん、①変わりませんね。」

　　（中略）、四年ぶりにホテルのティー・ルームでお会いした編集者のAさんからそのようにいわれた時、わたしはみた目のことを言われたのだと思って、自然ににっこりした。

　「Aさんも、お変わりありませんわ」

　　ダーク・グレイのスマートな背広姿は、四年前と変わりがなかったが、その髪にはいくらか白いものが目立つようになったなと思いながらそういったのである。

　「いや、ちょうど十五分、遅刻したところですよ」

　　Aさんは眼鏡の奥の眼をいたずらっ子の少年のように、わざと大きくしながらいわれた。わたしは、しばらくの間顔を上げることができなかった。

第十一課

単　語

（一）

応援者（おうえんしゃ）	（名）	支持者
賄賂（わいろ）	（名）	贿赂
亭主（ていしゅ）	（名）	丈夫、老板
扱う（あつかう）	（他五）	操作、使用
整頓（せいとん）	（名・他サ）	整理、收拾
駄賃（だちん）	（名）	报酬、跑腿费
養う（やしなう）	（他五）	养活

（二）

何しろ（なにしろ）	（副）	总之，不管怎样
老ける（ふける）	（自下一）	老、上年纪
面影（おもかげ）	（名）	面貌、模样

（三）

| みた目（みため） | （名） | 外表 |
| ダーク・グレイ | （名） | 深灰色 |

文　法

1、あえて～ない

　　表示："未必""并（不）""不见得"。常常后续接"する必要がない""することもない"等表达方式，表示如果这样做会遭到别人的反对或反感。

○ そのやり方にあえて反対はしないが、賛成もしない。

　　（我虽不反对那种做法，但也不赞成。）

○ 両親に反対されてまで、あえて彼女と結婚しようとは思わない。

　　（我并不想为了和她结婚而同父母闹翻。）

○ 遠いから、あえて彼女が行きたくない。

　　（太远了，她未必想去。）

2、とはいえ

表示事实与根据前项情况所预想的结果不同，后项否定所预想的一部分，即事实还没有达到所预想的那种程度，后接说话人的意见、判断等句子。表示"虽说……但是……"，其接续为：名词/形容动词词干+（だ）とはいえ，动词/形容词（原形）+とはいえ。相近用法的有"と（は）いっても""とはいいながら""とはいうものの"。

○ 人はみな自分の健康は自分で管理しなければならない。子供とはいえ、例外ではない。

（人们必须自己负责自己的健康问题，虽说是小孩子，也不例外。）

○ そうなることは最初からわかっていたとはいえ、結果を見るのはつらい。

（虽说从一开始就知道，但是当看到结果时还是很难过。）

○ 今の日本は国際化進んだとはいえ、まだまだ外国人の就職難といった問題が残っている。

（虽说如今的日本已进入国际化了，但是依然存在外国人就职难等问题。）

3、ながら

（1）同一主语，表示动作同时进行。"死ぬ""座る"等瞬间动词不用此句型，表示"一边……一边……"。此外还表示保持某种状态不变。其接续为：名词/动词ます型+ながら、名词/动词ます型+ながらの+名词。相近用法句型是"〜つつ"。

○ 庭でお茶でも飲みながら話しましょう。

（我们在院子里边喝茶边聊吧。）

○ 彼女は自らのつらい経験を涙ながらに語った。

（她边流泪边叙说着自己的心酸往事。）

○ この清酒は昔ながらの製法で日本酒を作っている。

（这种清酒一直沿用着古老的制酒方法。）

（2）表示逆接。"〜ながらも"为书面语，"〜ながらに"为较陈旧的用法，表示"虽然……但是……"。其接续为名词：动词ます型+ながら、形容词（原形）或形容动词词干+ながら。相近用法句型有"〜けれども""〜が"。本课中是第二种用法。

○ 李さんは学生の身でありながら、いくつもの会社を経営している。

（小李虽说还是个学生，但已经经营了好几家公司了。）

○ 残念ながら、卒業式には参加できません。

（虽然很遗憾，但还是不能参加毕业仪式。）

○ 小さい会社ながらもようやく自分の会社を起こすことができて嬉しいです。

（虽然是个小公司，但是毕竟是自己创办的，所以很高兴。）

練習

一、次ぎの漢字に振り仮名をつけなさい。

選挙（　　　）　　応援者（　　　）　　記者（　　　）
違反（　　　）　　賄賂（　　　）　　事務所（　　　）
歳月（　　　）　　亭主（　　　）　　駄賃（　　　）
当事者（　　　）　　内心（　　　）　　挨拶（　　　）

二、次ぎの片仮名に適当な漢字をかきなさい。
1. 不当にアツカウ（　　　）　　2. ケイヒがかかる（　　　）
3. ヒョウカする（　　　）　　4. ハツコイの相手（　　　）
5. ウスギになる（　　　）　　6. シセンを注ぐ（　　　）
7. オモカゲが浮かぶ（　　　）　　8. ワダイは豊富である（　　　）

三、文章（一）を読んで、後の問いに答えなさい。答えは、①・②・③・④から最も適当なものを一つ選びなさい。

問一　（　①　）には入るのはどれか。
① しかし
② つまり
③ やはり
④ それで

問二　②「日本茶問題」とは何のことか。
① 日本茶はかわいそうな存在であること。
② 多くの日本人が日本茶を不当に扱っていること。
③ 日本茶も経費がかかっているのに選挙違反につながらないこと。
④ 選挙運動中に客にコーヒーあるいは紅茶、日本茶をごちそうすること。

問三　③「日本茶はかわいそうな存在」と筆者が思う理由はどれか。
① 日本茶は賄賂につながらないという法律があるのは不当だから。
② 日本茶はお金を払わなくてもいい飲み物だと軽く考えられているから。
③ 日本茶は選挙運動中にも客に出されないから。
④ 日本茶は選挙運動中に出しても、客にあまり喜ばれないから。

問四　「日本茶」と「奥さん」が似ているところはどんなところか。
① 相手に感謝されるとこと。
② あってもなくてもいいとおもわれているところ。
③ 経費がかかるところ。
④ 存在していることがあたりまえだと思われているところ。

四、文章（二）を読んで、次ぎの問いに対する最も適当な答えを①・②・③・④から一つ選びなさい。
問一　（　①　）に入る一番適当な言葉はどれか。
① お目にしていない
② お目にかかっていない
③ お会いになっていない
④ 拝見していない

問二　②「聞き直って」とはこの文章ではどんな意味なのか。
① 女は老けやすいものだと思って。
② 会えば話すことはたくさんあると思って。
③ 初恋の相手ではないと思って。
④ 嫌われたら嫌われたっていいと思って。

問三　③「私はちょっと耳の所まで手を挙げた」とあるが、なぜこの動作をしたのか。
① たぶん昔のボーイフレンドじゃないだろうと思ったら。
② 昔のボーイフレンドだとすぐわかって、自信があったから。
③ 昔のボーイフレンドかもしれないと思ったが、自信がなかったから。
④ 昔のボーイフレンドだとすぐ分かったが、手を高くあげるのは恥ずかしいから。

五、文章（三）を読んで、次ぎの問いに対する最も適当な答えを①・②・③・④から一つ選びなさい。
問一　①「変わりませんね」とあるが、Aさんは何が変らないと言ったのか。
① 人と会うときは「お変わりありませんね」ということ。
② 約束の時間にいつもちょうど十五分だけ遅刻するくせ。
③ 四年前に会ったときの見た目と今回会ったときの見た目。
④ 人と会うときはいつも外観のことばかり気にするくせ。

読解技法

分析原因、理由

思考文章中作者所持主张或人物产生某一行为的原因，回答文中出现某一结果的原因或理由，即回答文章中提出的为什么之类的问题，即原因、理由关系。解答这一类题目的关键是要看清楚引用部分的内容，有的比较明显，有的比较隐蔽。但是只要仔细分析，都可以轻松地得到正确答案。这类题的信号词主要有：

"……から（因为）"
"……ので（因为）"
"……だけあって（正因为）"
"……せいで（由于……的缘故造成不好的结果）"
"……おかげで（由于……的缘故形成好的结果）"
"……のあまり（由于过于……而……）"
"……そのため（因此）"
"……それで（因此）"
"……したがって（因此）"
"……からだ（因为……缘故）"
"……ため（因为）"等。

言語文化コラム

空気を読む

2007年ごろに流行した「KY（ケーウイ）」という言葉があります。「K(Kuuki)」「Y(読めない Yomenai)」の頭文字をとった略語で、「KYな人」とは、「空気が読めない人」のことを指します。この場合の「空気」とは、「その場の雰囲気や周りの人の気持ち」、「読む」は「考える．推測する」という意味です。つまり、「空気を読む」とは、周りの人の気持ちを考えて、その場に合った行動をすることです。

若者や子どもの間で、「あの人、KYだよね（＝空気が読めないよね）」という言い方が悪口としてよく使われることからも、日本社会では子どものときから、周囲のひとびとに配慮しながら行動することが期待されている、ということがわかります。

例1：この忙しい時期に自分だけ休みたいなんて、ちょっとは空気を読めよ。

例2：A：「失恋した田中さんの前で、鈴木さんが恋人の自慢話ばかりするから、困っちゃった。」

B：「鈴木さんって、ほんと空気読めないね。」

日本人は、大勢の前では、自分の意見をはっきりと言わないことが多いため、外国人からすると、「何を考えているかわからない」と感じるかもしれません。しかし、空気を読むことが習慣になっている日本人の間では、言葉で言わなくてもお互いの気持ちをわかり合っていることがよくあります。これを「暗黙の了解（＝黙っていても、みんながわかっていること）」といいます。

ほかに、「以心伝心（＝言葉で言わなくても、相手と気持ちが通じていること）」や「言わぬが花＝大事なことは、全部言葉で言ってしまわないほうがいい」なども好まれる表現ですが、このように日本人は、「言葉ではっきりと言わなくてもわかる」ことをとても大事に思っています。

「口は災いのもと（＝うっかり言ってしまったことが原因で、何か悪いことが起きる場合があるので、気をつけるべきだ）」ということわざもあります。

周りの人とあまり親しくない場合や、その場の空気がよくわからないときは、静かにして自分の意見わないか、人と同じようにするのがふつうなのです。

「空気を読む」という場合の「読む」は、何かを材料にして、はっきりしないことを推測する、という意味である。たとえば、「来年の世界の経済動向を読む」などと使う。

日本人は一般に、言葉ではっきりと言うことを避け、態度や表情などでさりげなく相手に伝えるのを好む傾向がある。逆にはっきりと言わなくても、相手が自分の意図や気持ちをわかってくれることを非常に喜ぶ。それは相手が自分のことをよく理解してくれている、と思うからである。そのためには、相手の意図や気持ちを推測できる観察眼を持っていることが必要である。

「空気を読む」に似た言葉に、「相手の腹を読む」という言い方もある。この場合の「腹」とは、表面には見えない意図、考えを指していて、それを推測するという意味である。「相手の腹（＝考え）がわからない」とか「腹を決める（＝意思を決定する）」とか「腹の探り合い（＝お互いがいろいろと相手の意図を推測しあう）」、「腹にもないことを言う（＝全然思って

第十一課

いないことを言う）」などと日常生活の中でよく使われている。「そのことは腹にしまっておけ」というのは、ある考えや意図を表には出さないで、自分の心の中にしまっておく、ということである。

これらは、はっきりと主張することを好まない日本人の感性がよく表れた表現であると言えよう。

目は口ほどにものを言う（＝目を見ていれば口で言ったのと同じように相手の思っていることがわかる）と言われるが、これは、相手の目を見て判断できる観察力がなければできないことである。

日本において、「空気が読める」ことは、社会人として必要なことなのである。

第十二課

（一）五千円

　私が親元を離れ、一人暮しを始めたのは27歳の時だった。27と言えば決して早い独立の年齢ではない。それまでずっと親元にいたのは私の親が、ことに父親が女は結婚こそ一番の幸せ、と思っていたためで、一人暮しをしつつ仕事で身を立てることなどもってのほか、と考えていたからだ。それを①変えざるをえなかったのは、②前の年の暮れ、私が独断で式の日取りまできまっていた結婚を、ただ嫌になったという理由だけで断り、親戚③中を巻き込んで大騒ぎをした挙句、親子の間が妙にこじれ始めたからであった。無理にでも結婚させる、という父と、いやだ、と言い張る私の対立は家の中を暗くするばかりだった。
　これ以上この家にはいられない。そう思ったのは私ばかりでない④らしく、独立の話を切り出すと、⑤父はしぶい顔でうなずいた。この先結婚もせず一人で生きていくのなら、しっかりした仕事をもたねばいけない。そのためには親に頼らず一人でやっていくのが一番だ、と母が言い切ってくれたのだった。
　引越しの朝、⑥その母が娘が不憫だと泣いているのを庭にいて立ち聞いた。無理もないのだ。その頃私はイラストを描く仕事をしていてろくな収入を得ることもできなかったのである。友人と飲むお茶代すら出せないような状態だったのだ。飢えたりはしなかったが贅沢はけっしてできない生活だった。スーパーのお菓子売り場で甘納豆の袋を見つめ、⑦来月こそ、と思ったこともあったのだ。
　⑧そんな耐乏生活を続けていたある日、私はプラスチックのこめびつの中にセロテープでしっかり止めてある紙を見つけた。それは母が用意してくれたこめびつで、引越す際その中に米をいっぱいにして渡してくれたものだ。食べ進んで残り少なくなった時現れたそれは、母の字で、お米を買うお金がなくなったらこれで買いなさい。健康に気をつけるように、と書かれた手紙と小さくたたまれた五千円札だった。⑨涙がこみあげてきて私は泣いた。ずっとずっと泣いていた。
　あれから六年、ずっと独身を通すだろう、と思っていたのにどういうわけか今は結婚している。おかしなもので、夫は母の手紙と五千円の話を聞き、私と付き合うことを決めた、という。

父がその手紙の事を知り、「⑩お母さんは出しぬいてずるい」といったというのもよかったのだ、と。ある時、母が夫に、あの時千円でもなく、一万円でもなく、五千円にした私の気持ちを娘はわかるだろうか、といっているのを聞いた。残念ながら私にはよくわからないがひょっとしてそれは、娘には一生わからない母の気持ではないか、とまだ子供のいない私は思っている。

――――（二）　もし落ちたら――――

あすは、わが子の入学試験の発表があるという、その前の晩は、親としての一生の中でも、一番落ち着かなくてつらい晩の一つに違いない。

もう何十年もまえ、ぼくが中学の入学試験を受けたとき、発表の朝、父がこんなことを言った。

「①お前、今日落ちていたら、欲しがっていた写真機を買ってやろう。」

ふと思いついたといった調子だったが、それでいて何となくぎこちなかった。②変なことを言うな、と思った。お父さんは、僕が落ちたらいいと思ってるのだろうか、といった気がした。

③その時の父の気持ちが、しみじみ分かったのは、それから何十年も経って、今度は自分の子が入学試験を受けるようになったときである。

おやじも、④あの前の晩は、なかなか寝つかれなかったんだな、とそのときはじめて気がついた不覚であった。おやじめ、味なことをやったなとおもった。あまり好きでなかったおやじが、⑤急になつかしくなった。

（中略）

もし入学試験に落ちたら、いちばんつらいのは、もちろん親よりも本人である。それを、⑥親が失望のあまりついグサッと胸につきささるようなことをいったら、ということになる。

よし、おやじにまけるものかと決心した。ぼくはすぐ感情を顔に出し怒り声になるタチである、落ちたときいた瞬間にいう言葉を、二、三日まえから、ひそかに⑦練習した。

「そうか（　⑧　）、こんなことぐらいでがっかりするんじゃないよ」

くりかえしているうちに、自分が、まず落ち着いてきたのが妙だった。

（三）趣味とは

　変わった趣味をいくつも持っている人に会ったので、いろいろ質問して教えられたことがある。ある単調な趣味について、そんなことが面白いのですかと聞くと、「何でもそうだが、一生懸命やれば面白い」という答えだったので（　①　）。この人は趣味についてよく分かっている人だと思ったのだが、それは、趣味のみならず仕事でも同じであり、結局、②人生全体についても同じなのだろうと思う。

（一）

親元	（名）	母亲的家、娘家
もってのほか	（名・形动）	岂有此理，不像话
拗れる（こじれる）	（自下一）	变坏、恶化
独断（どくだん）	（名）	独断、擅自
不憫（ふびん）	（名・形动）	可怜、令人同情
耐乏（たいぼう）	（名）	忍受艰辛
米櫃（こめびつ）	（名）	大米储藏容器
ひょっとする	（副）	说不定、也许

（二）

ぎごちない	（形）	笨拙、不自然、不灵活
しみじみ	（副）	深切，痛切
寝付く（ねつく）	（自五）	睡着、入睡
不覚（ふかく）	（名）	考虑不周、失策
味な（あじな）	（连体）	有风趣、巧妙
突き刺さる（つきささる）	（自五）	扎上、扎入
質（たち）	（名）	性格、脾气
ひそかに	（副）	偷偷地
繰り返す（くりかえす）	（他五）	反复、重复

(三)
| 単調（たんちょう） | （名・形动） | 单调、乏味 |
| のみならず | （词组） | 不仅、不但 |

文法

1. ～のは～からだ

表示："……是因为……"。"～のは"的部分根据语境环境可以明确时，常常被省略，也可以理解为"～からだ"，表示"是因为……"。

○ 試験に落ちたのは真面目に勉強しなかったからだ。

（挂科是因为没有好好学习。）

○ 遅刻したのはバスに間に合わなかったからだ。

（迟到是因为没有赶上公交车。）

○ 「今日は二日酔いんだ。」

「昨日あんなに飲んだからだよ。」

（"今天我的头还在晕着呢。"

"那是因为你昨天喝得太多了。"）

2、ずっとずっと

ずっと在本课表示为某种状态的持续，表示"一直……"。两个一起连用表示强调。

○ 電車が満席だったので、目的地までずっとずっと立通しだった。

（因为电车满员，我就一直站到目的地。）

○ あの人は深夜までずっとずっと待っていた。

（那个人一直等到深夜。）

○ 王さんは昨日遅くまでずっとずっと宿題をやっていた。

（小王昨天做作业一直到很晚。）

3、ねばいけない

表示："应该""必须""要"等意思。相近句型用法有"ねばならない""なければいけない"等。

○ 明日、君も入管に行かねばいけないよ。

（明天你也必须去一趟入境管理局。）

○ サインは自筆しねばいけない。

（必须要本人签字。）

○ 明日までにこの仕事を終わらねばいけない。

（这个工作一定要在明天之前完成。）

4、なんとなく

　　副词，表示"不明白什么原因""总觉得""偶然地""无意识地"的意思。

○ なんとなく人の気配を感じて後ろを振り向くと、美しい女性が立っていた。

（似乎感觉到人的气息，回头一看，身后站着一位漂亮的小姐。）

○ なんとなく悲しくなって涙が零れる。

（不由得悲伤起来，落下了眼泪。）

○ あなたの気持ちがなんとなくわかるような気がする。

（我好像有点明白你的心思了。）

○ なんとなく店の中を覗いたら、姉が男の人といっしょにいるのが見えた。

（不经意间往店里一看，看见姐姐和一个男的在一起。）

○ なんとなく空を見上げると、きれいな星が空いっぱいにきらきら光っている。

（抬头往天上一看，满天星星一闪一闪的。）

練　習

一、次ぎの漢字に振り仮名をつけなさい。

独断（　　　）　　親戚（　　　　）　　大騒ぎ（　　　　）
贅沢（　　　）　　独身（　　　　）　　残念（　　　　）
発表（　　　）　　調子（　　　　）　　失望（　　　　）
瞬間（　　　）　　米櫃（　　　　）　　結局（　　　　）

二、次ぎの片仮名に適当な漢字をかきなさい。

1. オヤモトを離れる（　　　　）　　2. タイボウ生活（　　　　）
3. ヒッコシをする（　　　　）　　4. シケンを受ける（　　　　）
5. フカクであった（　　　　）　　6. タンチョウな趣味（　　　　）
7. フビンな奴（　　　　）　　8. イッショウケンメイ（　　　　）

三、文章（一）を読んで、後の問いに答えなさい。答えは、①・②・③・④から

第十二課

最も適当なものを一つ選びなさい。

問一　①「変えざるをえなかった」の正しい意味はどれか。
① 変えなくはなかった。
② 変えなければならなかった。
③ 変えなくもなかった。
④ 変えないではいられなかった。

問二　②「前の年の暮れ」とは何時なのか。
① 25歳である年の暮れ
② 26歳である年の暮れ
③ 27歳である年の暮れ
④ 32歳である年の暮れ

問三　③「中」の意味用法と同じものはどれか。
① 出席者六人中、二人は女の人でした。
② ただいま食事中ですから、しばらくお待ちください。
③ 昨日は風邪を引いて一日中寝ていました。
④ 休暇中はアルバイトをするつもりです。

問四　④「らしく」（らしい）と同じ意味用法のものはどれか。
① お金を盗んだのは、君らしいね。
② 今日は本当に春らしい、暖かな一日だった。
③ このごろの人工の皮はかなり皮らしくなってきた。
④ このごろの日本は、子供が子供らしく遊べるところが少ない。

問五　⑤「父はしぶい顔でうなずいた」時の父の気持ちはどれか。
① 娘を独立させたくないが、やむを得ないと思っている。
② 娘と喧嘩をしなくてもよくなるので、ほっとしている。
③ 娘が家を出て独立することに賛成し、心から喜んでいる。
④ 娘の独立に反対する立場が悪くされたので、怒っている。

問六　⑥「その母」とは次のどれか。
① 娘に仕事を持ってほしいという母
② 娘に一人で暮らしてほしいという母
③ 娘に早く結婚してほしいという母
④ 娘に早く独立してほしいという母

問七　⑦「来月こそ、と思ったこともあったのだ」とは、作者（私）のどんな

気持ちを表しているのか。

　①　今月は金がないが、来月は大好物の甘納豆を何とかして買って食べるという気持ち。

　②　今月は金がないから甘納豆ばかり食べているが、来月は食べなくていいという気持ち。

　③　今月は金がないので大好物の甘納豆をちょっとしか買えなかったが、来月は思う存分たくさん買うという気持ち。

　④　今月は金がないから甘納豆ばかり食べているが、来月は甘納豆のみでなく、ほかの料理も食べると決心する気持ち。

問八　⑧「そんな耐乏生活」とはどんな生活なのか。

　①　収入がなくて、食うや食わずの生活。

　②　金がなくて、お茶もろくに飲めない生活。

　③　食べていける以外、金がなく、不自由な生活。

　④　食べでいける以外、大好物も毎月少し買える程度の生活。

問九　⑨「涙がこみあげてきて私は泣いた」とあるが、なぜ泣いたのか。

　①　母の心遣いは嬉しかったが、五千円では少なすぎるので悲しくなったから。

　②　厳しいことを言っていた母の思いがけない心遣いに接し、胸が一杯になったから。

　③　これでお米が買えると安心したら、それまでの耐乏生活の緊張感がゆるみ、思わず涙が出た。

　④　五千円ではたいした物は買えないのに、そんな事もわからない母の無知を悲しく思ったから。

問十　⑩「お母さんは出しぬいてずるい」といった父の気持ちはどうか。

　①　自分の知らないうちにお金を娘にやるのはよくない、と怒っている。

　②　厳しい事を言いながら、陰で娘を甘やかしている母に、手を焼いている。

　③　自分も娘を思う気持ちは同じように持っているので、ずるいと言いながらも母の行為を認めている。

　④　自分も本当は何か娘にやりたかったが、我慢したのだから、母にも我慢させるべきだったと反省している。

四、文章（二）を読んで、次ぎの問いに対する最も適当な答えを①・②・③・④

から一つ選びなさい。

問一　①「お前」とあるが、だれのことか。
① 筆者の妻
② 筆者の息子
③ 筆者の父
④ 筆者

問二　②「変なこと」とあるが、筆者はなぜそう感じたのか。
① 落ちていたら、買ってくれるというから。
② 家が貧しいのに、買ってくれるというから。
③ まだ子どもなのに買ってくれるというから。
④ 写真機は欲しくないのに買ってくれるというから。

問三　③「そのときの父の気持ち」とは、どんな気持ちか。
① 合格していたら息子と祝いたいという気持ち。
② 落ちていたら息子をなぐさめたいという気持ち。
③ 落ちていたら息子を怒ってやろうという気持ち。
④ 落ちていたほうが息子のためにいいと思う気持ち。

問四　④「あの前の晩」とはいつか。
① 父が受験する前の晩。
② 筆者が受験する前の晩。
③ 父の試験の発表の前の晩。
④ 筆者の試験の発表の前の晩。

問五　⑤「急になつかしくなった」とあるが、なぜか。
① 父親が買ってくれた写真機を思い出したから。
② 父親も自分と同じ気持ちだったことに気がついたから。
③ 入学試験を受けたときの自分の気持ちを思い出したから。
④ 入学試験に落ちたときの自分の気持ちを思い出したから。

問六　⑥「親が失望のあまりついグサッと胸につきささるようなことをいったら」のあとには言葉が省略されている。どんな言葉を続けたら意味がよく通るか。
① 息子がかわいそうだ。
② 息子が安心してしまう。
③ 息子が落ち着くだろう。
④ 息子が死んでしまう。

問七 ⑦「練習した」とあるが、なぜ練習したのか。
① 息子が、試験に不合格になってしまうと困るから。
② 自分の不安な気持ちを知られるのがはずかしいから。
③ 自分が感情をはっきり顔に出してしまうと困るから。
④ 不合格だろうと思っていることを知られると困るから。

問八 （ ⑧ ）に入る適当な文はどれか。
① 頭が悪いからだ、それで
② お前はだめだ、だから
③ 残念だったな、しかし
④ よかったな、しかも

五、文章（三）を読んで、次ぎの問いに対する最も適当な答えを①・②・③・④から一つ選びなさい。

問一 （ ① ）に入れるのに適当なものは次のどれか。
① 考えものになった
② 同感した
③ 関心した
④ 勉強になった

問二 ②「人生全体についても同じなのだろうと思う」とあるが、ここで筆者の言いたいことは何か。
① この人は趣味をたくさん持っているから人生を楽しんでいることだろう
② 一生懸命やれば何でも面白いということは人生についても言えるだろう
③ この人は変わった趣味を持っているから生き方も変わった人なのだろう
④ 人生についてもこの人から教えてもらえば面白くなることがあるだろう

読解技法

重要细节和具体信息考查方式

在文章中，作者总是要通过许多具体内容来说明、解释、证明或表达文章的主题思想。在通读全文、掌握文章主题思想的基础上，读者还应该抓住阐述和发展主题思想的主要事实，或者按要求找出特定细节。这是通过阅读获取信息的重要能力。在通读全文的过程中，要特别注意把握涉及人物、地点、时间、

做什么、为什么做等问题。在有关此类内容的地方要做上标记，以便在回答问题时迅速查找。

一般来说，阅读理解测试中要求找出主要事实或特定细节的问题，在文章中均可找到答案。但需要注意的是，这些问题的表述常常不是采用文章中的原话，而是使用同义的词语。因此，在回答此类问题时，首先要认真审题，看清问题问的是什么。

然后，根据所涉及的问题，快速扫视文章中相应的部分，找到与答题内容相关的关键词或短语，再细读一两遍。在确信理解了原文的基础上来确定正确答案。在查到的关键词句下面应画线以引起注意，便于记忆与复查。此外，如果回答此类问题需要读者具有一定的背景知识，那也只是最基本的常识。因此，切勿脱离文中内容而根据自己的想象或其他来源的知识来选择答案。

例1：

私は講演を頼まれた時、自分の経験をよく話すのだが、その話が、聞く側にとって魅力あるものであることがわかれば、内に隠れていた体験や経験が次から次へと湧き出てくるのである。その結果、講演のテーマと大幅にずれ、関係者をあわてさせることがよくある。

【問い】「わかれば」とあるが、だれがわかるか。

①話している自分　　　　②話を聞いている人
③関係者　　　　　　　　④話している自分を聞いている人

就第一个问题而言，我们应该主要关注文章中关于主语的表达，通常来说，主语就隐藏在「～は…である」这样的句型中，没有明确表达主语的，其主语则通常是「私」「自分」「著者」，有多个人物出现时则应根据上下文推断主语。

正解：①

例2：

自分の夢を実現するために、私はあらゆる努力をも惜しまなかった。しかし、夢が実現するどころか、年を経るごとに、私は絶望の境地に陥っていったのだ。あの時あきらめていたら、今の私はなかったであろう。

【問い】「自分の夢」とあるが、その夢は実現したのか。

①実現しなかった　　　　②実現した

解决第二个问题的关键在于对文章中假定内容的理解。这个问题可以直接从最后的假设句中得到答案。

正解：②

例3：
　　人間には、わからないことや知らないことがあって当然である。ただ私のわからないことや知らないことは、世間では常識的なことが多いように感じる。だから、それがみんなが知っていることだということがわかれば、つい、わかったふりをしてしまう。どうして「わからない」「知らない」と言えないのか。自尊心が強いからだというより、物事に対してあまりにも鈍感である自分をさらけ出したくないのである。素直になりたいものである。
　　【問い】筆者が一番言いたい気持ちは次のどれか。
　　①識的なことは知っておきたい
　　②他人に自分がわからないということを知られたくない
　　③わからないことは「わからない」と言いたい
　　④物事に対して敏感でありたい
　　解决这个问题的关键在于找到表达感情的词语，找到的同时还要准确判断出这些词汇和作者想要表达的想法是一致还是相悖，当然，此外还要根据上下文来判断作者真实的想法。
　　正解：④

言語文化コラム

就　活

　　就職活動は、職業に就くための活動の総称。略して、就活とも呼ばれる。通常、学生・失業者など職に就いていないか、フリーターなど非正規雇用の者が、企業や官公庁などに正規雇用されるための活動を指す。通常、転職のためや、自営業を始めるための活動は含めない。
　　インターネットの普及以前は、大学の就職課に張り出された求人票を見たり、自宅に送られる企業求人パンフレットなどを見て企業に電話、郵便などでコンタクトを取り、会社訪問、入社試験を行うのが普通だった。インターネットが普及した2000年頃から、大手企業を中心にリクルートが運営するリクナビに代表される就職ポータルサイトに会員登録し、それらのサイトを経由して企業に受験の意志を表明したり、会社説明会や入社試験の予約を行うのが一般的になった。現在では、就職サイトにしか求人情報を出さないという大手企業も多く、就職サイトに登録することは、就職活動をする事務系を志望する学生の常識となっている。
　　就職協定の廃止により激化した競争を勝ち抜くため、面接の受け方やエ

ントリーシート（後述）の書き方、自分の長所、適性、キャリアプランを自ら検討する「自己分析」などを解説した「就職マニュアル本」が数多く出版され、大型書店では就職本コーナーを作るほどの人気になっている。

近年では、就職支援を掲げる就活系団体なる組織が多数編成されており、大学3年生や大学2年生までも対象とした（有料）セミナーなどで、早期の就職活動開始を促すような活動も見受けられる。中には高額な入学費用を伴う講座（10万～70万）もあるが、内容は費用に全く見合わない講座も散見されるので、学生は注意が必要である。

また、大学生活を送りながら就職活動を行う場合、学費や生活費と並行してその費用を工面しなければいけないため、学生の経済的負担は大きい。特に地方の大学から大都会の企業に就職する場合、例えば北海道から東京の企業に就職しようとするとその交通費だけでも莫大な金額になる。そのため、近年では大学側が就職活動を行う学生に対し交通費を助成する動きも見られる

社員採用が多い企業でもキャリアやスキルがうまくマッチできないこと。

そのため、入学直後からキャリア形成のセミナーを開き、学生に「どんな仕事がしたいのか」、「そのために何をすればよいのか」など就職への動機付けを働きかける大学も多い。しかしながら、昨今のさらなる景気低迷による採用大幅減少や採用中止、さらには厳選採用に伴い、全く意味のない状況になっているという。

また、就職に意欲がある者でも運悪く（縁が無く）なかなか内定が取れず、やむなく複数年にわたる就職活動を行っている者もいる。このような者は経験がないことを理由に、中途採用いえども最初から選考の対象外になることが多く、最終的には就職そのものをあきらめざるを得ないなど、以降の就職活動が非常に不利になる。特にバブル経済崩壊後の卒業生は地域によって異なるものの、全体的に求職が少なかったことから、正社員はおろか、非正社員への就職も厳しい状況にある。

そして一度就職浪人になってしまうと、年齢が上がるにつれて、そこから抜け出すことは益々難しくなる。その結果、最近では高学歴でのニートやフリーターにたどりつく者（学歴難民）も少なくない。近年は就職浪人という立場を避けるため、内定が取れなかった者は新卒の枠を確保する目的で留年したり、専門学校や短大、大学、大学院などに進学して、改めて就職活動するというケースも増加している。但し、この現象は1990年代後半ごろにはすでに見られ始めていた現象であるが、特にリーマンショック以降は内定が取れなかった大学生や大学院生が卒業後に専門学校へ進学するケースが目立つようになり、就職が難しい状況を物語っている。

第十三課

――――（一） 衝突事故――――

　　これは終戦後間もないころ、①友人から聞いた話である。彼はだいたい慎重な運転をする男だったが、ある日のこと、横町から突然、そば屋の青年が自転車で飛び出してきて、彼の自動車と衝突してしまった。

　　幸い青年に怪我はなかったが、自転車はめちゃめちゃ。早速大勢の人垣ができ、警察官もやってきた。友人が「私には責任はない。その青年の不注意だ。」と主張すると、その話を聞いた警察官は、「とにかく5,000円払えば立ち去ってもよい。」と言ったという。

　　友人が、「ちょっと待ってください。私には落ち度がないのに、なぜ罰金を…」と問い返すと、彼は「いや、罰金じゃない。青年が可哀想じゃありませんか。」と答えた。その青年はおそらく店にいられなくなるだろう、だからせめてめちゃめちゃになった自転車の代金の一部だけでも、と警察官は考えたのだろう。

　　②悪くすると、これは大きなトラブルになりかねない。友人は根が日本びいきで、日本語も日本人的心情も理解していたから、それ以上の論争にはならなかったが、どちらがよいか悪いかの問題ではなく、西洋と日本では、法や正義に対する考え方が、全く違うことが分かる。この警察官の考え方の中には、正義とか法とかいう理念よりも、極めて日本的な情けといったものが深く入り込んでいたのである。

　　これは、実は人間味のある態度、考え方で、友人の話を聞いた私は大きい感動した。理屈や理性だけで判断を下すのではなく、その前後の事情や個々の状況を参考にして、より人情味にあふれる決定を下すというのは、まさに人道的だと思う。

　　西洋的な法の観念に慣らされた者が、このような③日本的に心情を理解するのは、かなり難しいことであるが、こういった④不合理な部分が許されるからこそ、日本は世界でも珍しく住みよい、人間の触れ合いのある国で居られるのではないだろうか。これらは、日本人が、自らの長所として、もっと自覚し、誇りを持って好いことである。

しかし同時に、こういった情けは、何とも定義しにくいものであり、客観的な法の理念の中に入れることは、なかなか難しい。そして、もしそれを許すなら、しまいには人権を守ることさえできなくなってしまう。

──（二） 死体の所有権──

死体ははたして誰のものか。
①<u>自分</u>のものだとしても、死んだ後では、所有権を実際に自分で主張することはできない。法的には、そこはどうなっているのか。それを私はじつは知らないのである。

職業柄、年中扱っている「②<u>もの</u>」の、所有権が不明である。そんなことで、よく仕事が勤まる。そう③<u>怒られそうだ</u>が、むろん常識的には、死体は遺族のものである。

──（三） 食品安全──

腐らない食品の便利さと、殺菌料の危険性のどちらを選ぶかといえば、私たちは少なくとも食べるものだけは100％安全であってほしいと願っている。医者や生物学の専門家たちが、AF2（殺菌料）の強い毒性を指摘した時、その安全が100％立証できるまでは使用停止にするのが、厚生省の本来あるべき行政指導というものではなかっただろうか。疑わしきは罰せずというのは人間に対する法律であって、食品に関しては疑わしきは直ちにストップをかけるべきではないだろうか。

単 語

（一）
横町（よこまち）	（名）	胡同、小巷
衝突（しょうとつ）	（名・自サ）	碰撞，冲突
怪我（けが）	（名・自サ）	受伤，过失

人垣（ひとがき）	（名）	人墙
立ち去る（たちさる）	（自五）	离开、走开
落ち度（おちど）	（名）	过错、过失
罰金（ばっきん）	（名）	罚款处分
論争（ろんそう）	（名・自サ）	争论，论战
理屈（りくつ）	（名）	道理，逻辑
下す（くだす）	（他五）	下，做出

（二）

死体（したい）	（名）	遗体、尸体
遺族（いぞく）	（名）	遗属、遗族
勤まる（つとまる）	（自五）	胜任、干得了

（三）

立証（りっしょう）	（名・他サ）	证明、证实
指摘（してき）	（名・他サ）	指出，指摘
直ちに（ただちに）	（副）	立刻，直接

文 法

1. とにかく

　　表示把某事或行为暂时先放在一边，优先提及或实施其他事情和行为。有"总之""反正""姑且"之意，也可说成"ともかく"。可用于后伴有表示非平均程度的表达方式，常用于口语；也可后伴有意志行为的动词，常用于说话人主张自己的意志和事实或促使对方实施的场合。

○ あの人はとにかく優秀な人材です。
　　（总之那个人是个非常优秀的人才。）
○ 田中さんの家はとにかくすごく大きい家なのです。
　　（总之田中的家非常大。）
○ うまくいくかどうか分かりませんが、とにかくやってみます。
　　（不知能否干好，总之先做做看。）
○ みんな揃っていないが、時間になったのでとにかく始めることにしましょう。

第十三課

（虽然大家还没有到齐，但因为到时间了，总之先开始吧。）

2. おそらく

　　常用于表示推量的表示方式，多与"～だろう""～に違いない"等连用，表示说话人推测的心情。多用于肯定的场合，表示："大概""很可能""估计"。

○ おそらく彼は知っているだろう。

　　（大概他已经知道了吧。）

○ おそらく遅刻するだろうね。

　　（估计要迟到了。）

○ おそらく李さんも今回の事件に関わっているに違いない。

　　（很可能小李也与此事有关。）

3. かねない

　　表示"有这种可能性、危险性"等的意思。仅用于说话人对某事物的负面评价。

○ 風邪といってもほうっておくと、重病になりかねない。

　　（说是感冒就不管的话，很有可能转成大病。）

○ その意見には賛成しかねない。

　　（不一定就赞成那个意见。）

○ この提案はお受けいたしかねない。

　　（这个提案可能不予受理。）

4. 直ちに～べきではないだろうか

　　直ちに是副词，表示"立刻""马上"之意。"べきではない"表示"不应该""不应当"之意，再加上"だろうか""～べきではないだろうか"，表示"应该，应当……"。

○ あの時直ちに買っておくべきではないだろうか。

　　（那时就应该直接把它买下来。）

○ この仕事は君が直ちにやるべきではないだろうか。

　　（这个工作你难道不应该马上去做吗？）

○ 時間になったら、直ちに始まるべきではないだろうか。

　　（到时间了，难道不应该马上开始吗？）

 練 習

一、次ぎの漢字に振り仮名をつけなさい。

慎重（　　　）　　　横町（　　　）　　　衝突（　　　）

怪我（　　　　）　　　早速（　　　　）　　　人垣（　　　　）
罰金（　　　　）　　　心情（　　　　）　　　論争（　　　　）
正義（　　　　）　　　態度（　　　　）　　　理屈（　　　　）

二、次ぎの片仮名に適当な漢字をかきなさい。
1. ハンダンを下す（　　　　）　　2. ケッテイを下す（　　　　）
3. 事情のジョウキョウ（　　　　）　　4. 法のカンネン（　　　　）
5. ジンケンを守る（　　　　）　　6. 自らのチョウショ（　　　　）
7. ドクセイを指摘する（　　　　）　　8. ギョウセイシドウ（　　　　）

三、文章（一）を読んで、後の問いに答えなさい。答えは、①・②・③・④から最も適当なものを一つ選びなさい。
　問一　①「友人から聞いた話」の内容に含まれるのは、次のどれか。
　　①　事故で大勢の人が死んだ。
　　②　事故で怪我をした人はいない。
　　③　事故で友人は大怪我をした。
　　④　事故で自動車が使えなくなった。
　問二　②「悪くすると」とあるが、例えばどういうことか。
　　①　青年がその事故で病気になったりすると。
　　②　警察官がその青年にお金をあげたりすると。
　　③　私がそれを他の人に話したりすると。
　　④　友人がそれを法的に問題にしたりすると。
　問三　③「日本的心情」について、筆者が言いたいことは次のどれか。
　　①　人道的な面もあるが、自動車事故があると損がする人もいる。
　　②　人道的な面もあるが、法の理念が対立するところがある。
　　③　人道的な面もあるので、日本の警察官はもっと誇りを持つべきだ。
　　④　人道的な面もあるので、西洋の法律にも取り入れるべきだ。
　問四　④「不合理な部分」とは、どんなことを言うのか。
　　①　理屈だけで判断しないこと。
　　②　罰金が安すぎること。
　　③　西洋的な法の考え方に慣れていること。
　　④　日本が住みやすいこと。

第十三課

四、文章（二）を読んで、次ぎの問いに対する最も適当な答えを①・②・③・④から一つ選びなさい。

問一　①「自分」とはだれか。
① 死んだ人
② 死んだ人の親
③ 死んだ人の子供
④ 解剖する医者

問二　②「もの」とはなにか。
① 法律
② 権利
③ 死体
④ 職業

問三　③「怒られそうだ」とあるが、だれに怒られるのか。
① 死体
② 筆者
③ 子供
④ 遺族

五、文章（三）を読んで、次ぎの問いに対する最も適当な答えを①・②・③・④から一つ選びなさい。

問一　筆者の主張を選びなさい。
① 保存食品の便利さと安全性と両立しない。
② 食品を腐らせない技術の開発をいっそう急ぐべきだ。
③ 安全性が疑わしい殺菌料は、食品に使用するべきではない。
④ 専門家は毒性のある殺菌料を発見したら、直ちに公表するべきだ。

問二　この文章が書かれる前に、厚生省はAF2に対しどのような対処をしていたか。
① AF2の毒性を認め使用停止処分とした。
② AF2の安全性が確認されるまで、という期限付きで使用停止にした。
③ AF2は100％安全であるとした。
④ AF2の毒性は十分確認されていないとして、特に対処しなかった。

读解类型分析

　　法律学，是以法律、法律现象及其规律性为研究内容的科学，它是研究与法相关的专门学问，是关于法律问题的知识和理论体系。法律作为强制性规范，其直接目的在于维持社会秩序，并通过秩序的构建与维护，实现社会公正。作为以法律为研究对象的法律学，其核心就在对于秩序与公正的研究，是秩序与公正之学。

　　通过对近14年来的日语专业四级考试中49篇阅读的分析，我们发现，涉及法律学的知识比较少，共出现两篇。分别是在2002年、2011年。如图所示：

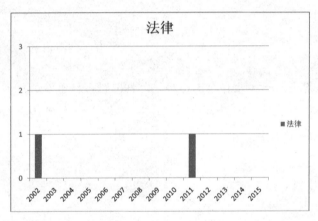

　　这两篇法律相关的阅读，都是短篇，并且只是与具体的法律问题相关。其实，依法治国是当今社会维持公正的重要手段。法治社会需要制定规范的法律，更需要人们了解法律、遵守法律。每个公民都有必要掌握一定的法律常识，因此可以在阅读中适当增加法律相关的知识，有备无患。

读解技法

作出正确的判断、推理，寻找隐含或省略的信息和成分

　　在日常生活中我们经常运用推理，如你对一位同学说"请打开窗子"，你的同学就会作出推理——教室里太热或太闷，因此他就知道打开窗子是为了透透风。要作出正确的推理，要求我们的思维达到一定的高度，在明显的事实和隐含的事实之间，或在已阐明的事实与未阐明的事实之间架起桥梁。

　　在阅读中，人们首先理解的是语言的字面意义。然而语言所表达的内容常常超过其字面意义。这就需要我们掌握逻辑判断和推理的方法，根据事物发展

的自然规律以及语言本身的内在联系，从一定的文字符号中获得尽可能多的信息。

有时，作者在文中并未把需要读者理解的所有意思直接表达出来，而是期待读者能领悟文章的内在含义，即从字里行间来体会其想表达的意思。因此读者必须根据文中所陈述内容的逻辑发展、上下文的连贯以及文中有关部分的暗示，作出判断或进行推理。

在阅读过程中，判断和推理的能力是十分重要的，只有具备这种能力，才有可能真正弄懂文章中语言上没有明确表达却又隐含的意思，达到真正的理解。

例1：
ここではどういう意味？

「あなたは、花のような人ですね。」と、あるイタリアの男性に言われたことがあります。「さすがイタリア人、口がうまい」なんて、そんなに感心しないで下さい。私は誉められたわけでも、口説かれたわけでもないのです。

そのイタリア人というのは、私が通っている英会話学校のマネージャーでして、毎年、春になると「今年こそ頑張（がんば）ります！」なんて意気込んでやっては来るけど、夏の陽（ひ）が照（て）り始める頃にはパッタリ姿（すがた）を現さなくなってしまう、そんな気まぐれ生徒の私を、花になぞらえてからかったのでした。

注1：口説（くど）く：恋人になってほしいと言う。

注2：意気込む：張り切る。

注3：気まぐれ：気持ちが変わりやすい。

注4：なぞらえる：たとえる。

【問い】「花のような人」とは、ここではどういう意味か。

①とても美しい人
②明るく素直な人
③華やかな服を着た人
④春だけ現れる人

"像花一样的人"一般来说，便是"美人""气质高雅的人"的含义，然而此处是要问在文章这个特定环境下的特定涵义。需要探寻文中要问的部分，所以应仔细读后再回答。以上题为例，第6、7行便有对"像花一样的人"的解释说明。让我们看如下整理：

筆者（ひっしゃ）：春になる→勉強に来る（現れる）、夏が近づく→勉強に来なくなる（消える）。

笔者：春天来了→开始学习、夏天近了→不再学习（消失）。
　　花：春になる→咲く（現れる）、夏が近づく→散る／枯れる（消える）。
　　花：春天来了→开放、夏天近了→枯萎（消失）。
　というように、花の周期と勉強に来る周期が一致していることを、「花のような人」と言っているのだとわかります。
　　这就是说，"像花一样的人"便是"学习劲儿和花的周期一样的人"，应该这样理解。
　　正解：④
　　例2：
　　外食が多い都会生活では、栄養バランスが偏りがちだが、ビタミン、ミネラルをたっぷりとれる自宅での朝ごはんならば、そのままで日常の健康につながる。それらの栄養素の保存食や簡単献立だけで充分とれるものだから、手間に関してもあまり問題はないはずと思えるのだが…。
　　【問い】…はどんな内容を暗示している考えられるか。
　　①朝ごはんに手間をかける人が多いのはなぜだろう。
　　②自宅で朝ごはんを食べない人が多いのはなぜだろう。
　　③栄養のバランスのとれた朝ごはんをとる人が多いのはなぜだろう。
　　④外食で栄養バランスが偏る人が多いのはなぜだろう。
　　正解：②

言語文化コラム

終　活

　　終活とは「人生の終わりのための活動」の略であり、人間が人生の最期を迎えるにあたって行うべきことを総括したことを意味する言葉である。
　　日本の総人口は、第二次大戦後増えてきたが、2010年をピークに下がり始めている。しかし高齢者（65歳以上）の人口はそれ以降も増え続ける。総務省統計局のデータによれば、第2次世界大戦終戦直後は高齢者の割合は5％程度であったが、漸次増加し2035年頃には日本の人口の約3の1を占めるようになる。日本の社会は、他国とは比較にならないほど急速に少子高齢化が進み、近い将来、団塊の世代が大挙して介護を受け、そしていずれ鬼籍に入る。そのため現代では高齢者の間では、周囲に迷惑をかけず

に人生を終わるための準備が流行っている。20世紀初頭のように子供が10人という時代には、分担して親の老後の世話や故人の後始末を行うことができたが、現代のように子供1人が当たり前の時代には、子供へ大きな負担はかけられない。そのため社会現象として"終活"が広がっている。

　主な事柄としては生前のうちに自身のための葬儀や墓などの準備や、残された者に迷惑がかからぬよう生前整理、残された者が自身の財産の相続を円滑に進められるための計画を立てておくことなどが挙げられる。『週刊朝日』の造語といわれており、2009年8～12月にかけて「現代終活事情」を連載している。「現代終活事情」のあらすじは2008年10月2日、41歳で急逝した流通ジャーナリスト金子哲雄さんは、生前から自分の通夜や葬儀告別式、墓の準備を万全に進めていたということである。こうした葬儀や墓の準備のためのガイドブックが「終活本」である。朝日新聞出版では連載に加筆したムックの『わたしの葬式　自分のお墓』を出版し、その中で葬儀社の良し悪しの見分け方や、火葬のみを執り行う「直葬」などを紹介。

　これに刺激されて、雑誌各社も「終活」について取り上げるようになり、『週刊ダイヤモンド』は「安心できる葬儀」を特集したり、臨時増刊の「葬儀寺・墓・相続大事典」を出している。『週刊東洋経済』も「相続事業継承・葬儀・墓」を特集。書籍では宗教学者の島田裕巳が『葬式は、要らない』（幻冬舎）で日本の葬式や戒名について構造的に分析を行っている。出版関係者は「終活本」という新しいジャンルが確立しつつあると分析している。

　この出版風潮とともに、世間へこの言葉が広まってきており、2010年の新語流行語大賞（現代用語の基礎知識』（自由国民社刊）主催）にもノミネートされ、2012年の新語流行語大賞でトップテンに選出された。2012年には北海道に初の終活専門団体、一般社団法人エンディング総合支援サポート協会が立ち上がった。2013年には、産経新聞出版より日本初の終活専門誌終活読本　ソナエが発売され、以降2014年にはもしもカレンダーをはじめとして、より気軽に終活に取組むプチ終活といった広がりを見せている。文藝春秋、中央公論をはじめ、その他週刊東洋経済など各種月刊誌、週刊誌、に終活の特集が組まれ、終活は社会の大きな潮流となっている。

第十四課

（一） 日本の英語教育

　日本の気候の特徴は、はっきりと四つの季節に別れていることである。と言うと、しばしば外国人の方からお叱りを受ける①そうだ。他の国々だって季節は四つある。別に日本だけが特別なわけじゃない。

　確かにそうかもしれない。でもこれは、日本と外国を比べるときに必ず使われてきた言い回しなのだ。あるいは、日本の英語教育の中では、既に常識となっている表現であるといってもいい。だから、日本の学生が、外国人に向かって日本のことを説明するときには、必ず話しのどこかにこのフレーズが入れられる。もちろん、特別に日本の気候は素晴らしいと誇りたいわけではない。ただ、「外国に日本を伝える」という状況になると、②条件反射的に口から出てしまうのだ。

　（　③　）、そんな決まりきったないようの話しなど、外国の人が聞きたがるはずがない。彼らが聞きたいのは、たとえば日本の文化や、国際問題に対する一日本人の見解であり、要するに心の底から湧き上がって来る真実の声なのだ。けれども、そんなことを話せるようにする英語教育は日本にはほとんど無い。英語を使える人間は増えても、英語でコミュニケートできる人間はなかなか現れてこないのだ。

　こうした現状の背景には、日本が育ててきた固有の文化を知らない日本人が多いということがある。語るべき内容を持っていないのだ。話せる④わけがない。どうも英語教育だけに問題があるのではなさそうだ。

　情報が瞬間的に世界中を飛び交い、地球の反対側の国で起きた出来事が、まるで隣の家で起きた事件であるかのように報道される時代にあっては、とりわけ自分の本音を正直に語れる勇気と能力が必要とされる。まず語るべき内容をしっかりと自らの内に持つことである。そのうえで、地球上の国々と仲良く付き合ってための英語とは何か、日本の英語教育、さらには日本人の英語観を改めて見直す時期に来ているようだ。

第十四課

（二）復習

　先ほど、外国語を学ぶときには翻訳してはいけないと言いましたが、それは相手と会話をするときの話です。その際に頭の中で翻訳するのはいけないのですが、本を読んでいるときに理解できない単語を調べることはぜひとも必要です。読んでいるときは必ず辞書で調べるべきです。全体の意味がある程度わかる場合、人間はだいたい楽をすることが多く、わからない単語の意味を調べようとはしません。そして、①その単語が四回も五回も出てくると、どうも気になってついに調べることになります。ところが②それは大損なのです。なぜかというと、最初に調べておけば、二回目に出てきたとき、三回目、四回目、五回目は復習になって、その単語を覚えてしまえたのです。五回目にはじめて調べたら、③復習のチャンスを四回もなくしたことになります。

（三）テレビも勉強

　昔、テレビで対談をやったとき、「テレビが盛んになって、子どもが勉強しなくなったと親から非難されるが、社長はどう思うか」と聞かれたことがある。それで私は「子どもの教育は学校だけのものではない。テレビはいろいろな社会情勢を知らせ、みんなの考え方を多方面的に知るにはなかなか大きな役割を果している。勉強というものを、そう小さな枠にはめて考えないでほしい」と答えておいた。

　子どもの個性や能力といったものは、日常生活の中にいきいきと表れている。

単　語

（一）

しばしば	（副）	常常、屡屡
フレーズ（phrase）	（名）	断句，词组
湧き上がる（わきあがる）	（自五）	沸騰，涌现
真実（しんじつ）	（名・形動・副）	真实，真相
飛び交う（とびかう）	（自五）	飞来飞去，交织起伏

報道（ほうどう）	（名・他サ）	报道
とりわけ	（副）	特别、格外
本音（ほんね）	（名）	真心话、实话
改めて（あらためて）	（副）	重新、再、另

（二）
| 大損（だいそん） | （名） | 巨大损失 |

（三）
盛ん（さかん）	（形動）	繁盛、盛大，热烈
非難（ひなん）	（名・他サ）	谴责、责备、批评
役割を果たす（やくわりをはたす）	（词组）	起作用
枠に嵌める（わくをはめる）	（词组）	局限于

文 法

1. ～といってもいい

　　表示："可以说"。在本文中也表示为"可以说是在日本的英语教育中已经成为常识性的表现"。是就事或人的解释、判断、批评等的表达方式。语气比"～といえる"要委婉一些。

○ これはこの作家の最高の傑作だといってもいい。
　　（这个可以说是这个作家最高水平的代表作了。）
○ 成功はすべて王さんのおかげだといってもいい。
　　（可以说这次的成功归功于小王。）
○ 環境問題はこれから世界のもっとも重要な課題になるといってもいいだろう。
　　（可以说环境问题将成为今后世界性的重要课题。）

2. 要するに

　　副词，表示"总而言之""总归""到底"之意。常用于归纳之前所叙说的内容，拿出自己的结论或确认对方的结论。不适用于叙述不包含个人意见而自然形成的结果的句子。本课也是对"日本的文化，日本人对于国际问题的见解"的总结，"总而言之需要从心底涌上来最真实的声音"。"要するに"是书面语。

○ 要するに、我々の力不足だったのです。
　　（总而言之是我们的力量不足。）

○ 要するに、医者さんが足りないのです。

（总归是医生不够用。）

○ 要するに、李さんは信用できる人です。

（总之小李是个可以信赖的人。）

3. とりわけ

　　副词，表示"特别""尤其""格外"之意。表示与其他相比较时特别提示的东西。本课也是用于突出"尤其是要有坦诚的、敢讲真心话的勇气和能力"。褒义、贬义都可用。可与"特に""ことに""ことのほか"等换用。

○ とりわけ今日は涼しい。

（今天特别凉快。）

○ 今回の不況は今までの中でとりわけ深刻です。

（这次的经济不景气是目前为止最严重的。）

○ とりわけ英語が好きです。

（特别喜欢英语。）

4. ぜひとも

　　副词，表示"无论如何""一定""必须"之意。本课表示："在读书的时候遇到不能理解的单词就一定要去查找弄清"。

○ ぜひとも来てほしい。

（务必请您来。）

○ 今度はぜひともか勝つぞ。

（这次一定会取胜的。）

○ 今回はぜひとも寄ってみる。

（这次一定要顺道去看看。）

練 習

一、次ぎの漢字に振り仮名をつけなさい。

気候（　　　　）　　条件（　　　　）　　見解（　　　　）

背景（　　　　）　　情報（　　　　）　　本音（　　　　）

正直（　　　　）　　勇気（　　　　）　　見直す（　　　　）

翻訳（　　　　）　　反射（　　　　）　　特徴（　　　　）

二、次ぎの片仮名に適当な漢字をかきなさい。
1. 試験のフクシュウ（　　　）　2. 社会ジョウセイ（　　　）
3. 親からヒナンされる（　　　）　4. ヤクワリを果たす（　　　）
5. コセイをあらわす（　　　）　6. 席をユズる（　　　）
7. 自然のメグみ（　　　）　8. ワクに嵌める（　　　）

三、文章（一）を読んで、後の問いに答えなさい。答えは、①・②・③・④から最も適当なものを一つ選びなさい。

問一　①「そうだ」と同じ使い方の「そうだ」は、次のどれか。
① 雨が降りそうだが、出発した。
② あの車はとてもよさそうだ。
③ 彼も一緒に行きたそうだ。
④ 友達は朝早く出かけたそうだ。

問二　②「条件反射的に」とは、なぜか。
① 外国人のためには、この表現が一番良いと決まっているから。
② 日本の学生の英語能力が足りないので、この表現がよく使われるから。
③ 日本のことを外国に伝えるときに、使われることがある言い回しだから。
④ 日本の英語教育の中で、常識となっている表現だから。

問三　（　③　）に入る言葉は何か。
① また
② しかし
③ さらに
④ そして

問四　④「わけ」と同じ意味の「わけ」は、次のどれか。
① お願いだから、そんな訳の分からないこと言わないで。
② 一日に五回も電話するなんて、それじゃ彼女も怒るわけだ。
③ あの仕事に比べたらこんな仕事、わけはない。
④ なにもしていないのだから、そんな物受け取るわけにはいかない。

四、文章（二）を読んで、次ぎの問いに対する最も適当な答えを①・②・③・④から一つ選びなさい。

問一　①「その単語」とあるが、どの単語か。

第十四課

① 翻訳するとき何度も出てくる単語。
② 会話をするとき相手が何度も使う単語。
③ 本を読んでいるときに出てくるわからない単語。
④ 意味はある程度わかるが、調べたことがない単語。

問二 ②「それ」とあるが、どういうことか。
① 会話をする際に頭の中で翻訳しないこと。
② 理解できない単語をすぐ調べないこと。
③ 理解できない単語をすぐ調べること。
④ 外国語を学ぶときに翻訳すること。

問三 ③「復習のチャンスを四回もなくしたことになります」とあるが、どんな意味か。
① 知らない単語をすぐ調べたので復習をしなかったという意味。
② 知らない単語を五回目に覚えたために復習をしなかったという意味。
③ 知らない単語を五回目に覚えなかったので復習のチャンスをなくしたという意味。
④ 知らない単語を五回目に始めて調べたので復習のチャンスを四回もなくしたという意味。

五、文章（三）を読んで、次ぎの問いに対する最も適当な答えを①・②・③・④から一つ選びなさい。

問一 本文の内容に合っているものはどれか。
① 子どもの教育は、テレビという小さな枠にはめて考えるべきではない。
② テレビからの情報は重要なので、学校でも積極的に取り入れるべきである。
③ 子どもの勉強は学校だけでするものではなく、あらゆる経験が勉強である。
④ 子どもの個性や能力は日常生活で伸びるので、学校での教育は必要ではない。

読解類型分析

　　教育学是一门研究教育现象及其规律的社会科学，它广泛存在于人类生活中，通过对教育现象、教育问题的研究来揭示教育的一般规律。
　　通过对近14年来的日语专业四级考试中49篇阅读的分析，我们发现，涉及教育学的知识只有1篇，并且还是1篇短文，出现于2013年。如图所示：

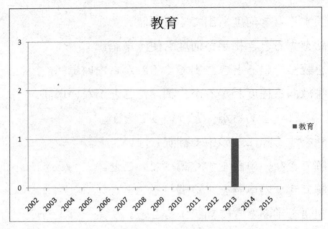

教育问题一直是各国关心的大问题，有人说教育是兴国之本，重视教育问题不容忽视。有必要进一步加强教育学相关知识的学习。对比学习各国的教育模式、教育现状等有助于完善本国的教育结构。

読解技法

句子结构及句子成分分析法

有些长句、长文往往结构复杂，行文曲折，似乎很难理清头绪。这时，不仅要依靠对词义的理解，还需要调动相应的语法、句法知识，从弄清句子结构、种类、类型入手，分清主次，抓住要害，理顺关系，才能贯通文意，理清其全句、全文的意思。

对一些长句，要先抓住主要句、主要成分，辨明其意义，然后从句子、修饰部分的意思和相互间的关系逐步弄明白，这样不管多么复杂的句子，其意思也都不难理解。

日语中的常见主从句种类及连接词如下：

（1）状态・并列主从句

几个分句之间彼此平行，不分先后。例如：～て、～ないで、～なくて、～ずに、～ながら、～たまま、～たり～たり、～し等。

辞書を見ながら英語を読むのはつかれます。／ 查字典看英语书，很累人。

（2）递进主从句

几个分句之间彼此有更进一层的语义关系。例如：～でなく、～だけでなく～も、～ばかりでなく、～のみならず、～そのうえ、かつ、～そして、それに、しかも、また。

だけでなく、野菜も食べなければいけない。／ 不仅要吃肉类，也要吃

蔬菜。

（3）选择主从句

几个分句之间彼此存在"或A或B""非A即B"的语义关系。例如：～か、～か、～でなければ～だ、あるいは～、または、それとも。

山田さんに手伝ってもらうか、吉田さんに手伝ってもらうか、それとも鈴木さんにてつだってもらうか。／是请山田来帮忙还是请吉田帮忙？或者请铃木来帮忙呢？

（4）时间·顺序主从句

前后分句在时间上存在先后顺序关系。例如：～とき、～ときに、～ときには、～てから、～あとで、～あと、～まえに、～まえ、～までに、～まで、～あいだに、～あいだ、～うちに、～まえ。

子供が寝ている間に洗濯をした。／趁孩子睡觉，洗了衣服。

（5）因果主从句

一个分句提出原因，一个分句说明结果，或先因后果或先果后因。例如：～から、～ので、～ために、～のに、～ように。

冷蔵庫にビールが冷えているから、召しあがってください。／冰箱里有冰镇啤酒，请喝吧。

（6）条件·假定主从句

前面分句提出一种假设，后面分句说明其结果。例如：～と、～ば、～たら、～なら、～とすると、～としたら、～とすれば、～として。

桜が咲いたら、花見に行きます。／樱花开了（的话），就去赏花。

（7）转折主从句

前后分句在意思上不一致，或正相反。例如：～ても、～のに、～けれども（けれど、けど）、～が。

この酒はたかいのに、おいしくない。／这种酒价钱贵，但不好喝。

（8）推论主从句

前一个分句提出某种前提，后一个分句判断其结果。例如：～からには、～以上は。

約束したからには守るべきだ。／既然已经约好，就要守约。

（9）取舍主从句

前一个分句提出要舍去的事物，后一个分句表述要选取的事物，或反之。例如：～より、むしろ、～ても～ない。

命をなくしても、決して負けることはしない。／即使死，也绝不屈服。

言語文化コラム

「○活」に新たな意味（1）

　就活、婚活、離活に妊活……「○活」という造語が次々と登場しており、その勢いはとどまるところを知りません。2012年12月3日に発表された2012年「ユーキャン新語・流行語大賞」でも、「終活」がトップ10の一つに、「ソー活」は審査員が選出するノミネート語になりました。なぜ次々と新たな「○活」が生み出されるのでしょうか。背景を探ってみました。

積極採用する国語辞典も

　まずは「○活」の広がりについて確認します。12年11月に発売された中型辞書、大辞泉第2版（小学館）は新語の積極採用が特徴の国語辞典。類書中最も多く、「朝活」「婚活」「就活」「転活」「離活」がそろっています。「葬式や墓など人生の終わりに向けた活動」を意味する終活、「交流サイト（SNS）などのソーシャルメディアを使った就職活動」を意味するソー活はまだ一般的でないせいか載っていませんが、インターネット版「デジタル大辞泉」では「妊活」「保活」もしっかり収録されています。

「現代用語の基礎知識」で新設された「○活」の項目例

2010年版	婚活、離活
2011年版	朝活、終活、妊活、保活
2012年版	温活、寝活
2013年版	ソー活、友活

（注）いずれも前年の11月に発売

　これらの造語の中で"元祖"となったのが、就職活動の略である就活。学生の間ではすっかりおなじみです。全国紙の新聞記事データベースで調べられる最も古い例は1995年5月27日付産経新聞で、女子大生が同紙記者に宛てたはがきの文面を引用して「就職活動（就活）に勢い込む前に元気に明るく暮らすつもりです。就活はイイ女の試金石かもしれませんね」と使われています。「現代用語の基礎知識」（自由国民社）に初採用されたのが99年発売の2000年版ですから、広まるまでに数年を要したとみられます。

苦境乗り切るための「軽いノリ」で浸透

　現代用語の基礎知識は新語・流行語大賞の選者とあってか、解説も一味違います。04年版では「2001（平成13）年あたりから、学生の間では『就職活動』のことを縮めて『就活』とよぶようになった」と定着時期に踏み込んで記述。長引く不況に伴う採用数の減少、求められる資質の多様化な

第十四課

ど学生の就職活動の中身そのものが厳しさを増している——と言葉が生まれた背景も指摘。その上で「そのような状況を乗り切るために、軽いノリでの『就活』というネーミングが浸透しているようだ」と分析しています。

01年前後といえば大学生の就職内定率が史上最低水準に落ち込み「就職氷河期」と呼ばれた時期と合致しており、解説には説得力があります。記者もこの時期に就職活動をした世代。01年あたりから広く使わるようになったという見方は、当時の肌感覚とも合っています。なお国語辞典で最初に採用したのは06年の大辞林第3版(三省堂)でした。

雑誌から誕生した「婚活」

就活に続いて一般的に広まったのが、結婚活動の略である婚活。自然発生的に誕生したであろう就活と違い、いつ誰が使い始めたのかはっきりしています。朝日新聞社)の週刊誌「ＡＥＲＡ」07年11月5日号で「結婚したいなら"婚活"のススメ」と使われたのが最初。翌08年に中央大学の山田昌弘教授(家族社会学)と、ライターの白河桃子さんの共著「『婚活』時代」が発売され、急速に普及しました。

同書で山田教授は「就職活動は略して『就活』だから『結活』でしょうか、いや、結活は発音がしにくいから『婚活』にしたらと提案した」と由来を明かしています。その後、妊娠のための妊活、子供の保育所入園のための保活、離婚のための離活など、結婚と密接に関わる事柄から芋づる式に新語が作られていくことになります。現代用語の基礎知識で新規に設けられた項目例を見ると、11年版での増加が顕著です。

大辞泉(第2版、インターネット版)に収録された主な「〇活」の語釈

	語源	語釈
朝活	朝活動	始業前の朝の時間を、勉強や趣味などの活動に当てること。平成20年(2008)ごろからの流行語
婚活	結婚活動	理想の相手を見つけ、幸せな結婚をするためにさまざまな活動をすること
転活	転職活動	「就活」をもじった語か
妊活	妊娠活動	妊娠についての知識を身につけ、体調管理を心がけたり、出産を考慮に入れた人生設計を考えたりすること
離活	離婚活動	円満な離婚をめざし、離婚後の生活環境を整えるために行う活動。調停離婚に際して知識を身につける、離婚後の住居を確保する、就業のための資格を取得するなど

(注)語釈は一部略。妊活は「デジタル大辞泉」に収録

第十五課

（一）飢餓感

　　豊かさへの渇望は、①人間に仕掛けられた意地の悪いわなのようなものだと言える。人間の欲望に限界がない以上、この先、ものがどれだけ豊かになっても、完全な満足という②ものがあるとは思われない。そのことが十分に分かっていながら、なおわれわれは、わずかばかりの富を増すためにあくせく働くことをあきらめられない。現代人が古代人よりも満ち足りているかどうかは疑わしいが、しかし有史以来、われわれの文化がこの永遠の飢餓感にそそのかされて来たことは確かだろう。しかし、今日われわれが七十年代の問題として直面している飢餓感は、そうした③本質的な飢餓感といささか性質が違っているように見える。それは、ものがにわかに豊かになった結果として起こった飢餓感だからである。

　　政治的にはもちろんいろいろな議論があるが、戦後の日本が、相対的に豊かになったことは④疑いようもない事実だろう。にもかかわらず、今日の日本人が、かつてないほどもの欲しげな顔をしているのはなぜだろうか。⑤戦後の荒廃期にはあきらめていた日本人が、ようやくものは豊かになり得るのだと気がついて、にわかにものへの欲望が噴き出したのだとも考えられる。しかしそうだとすれば、⑥われわれの胃袋はもう少し健康的で、すでに手に入れた富をもっと味わうことが出来てもよいはずだ。だが、ものを次々と使い捨てていて、それを人々が噛みしめて味わっているとはとても思えない。いわば現代の日本人は何かの病気のように、⑦飢えていながら食欲のない奇妙な飢餓感に苦しんでいるのである。様々理由があるだろうが、最大の問題は、われわれがものを使っていても、それを所有していないということであろう。所有するということは面倒な仕事であって、ものの持ち主は持っているものの価値を減らさないように、たんねんに手入れをし、保存に気をつけて、むしろものの値打ちを増すようにつとめなければならない。すなわち、所有するということはものの自然な衰亡と不断に戦うことであり、きわめて創造的で能動的な行為なのである。これに対して、使うということは見かけに反してはなはだ受動的な行為だといえる。それは、他人がものの中に入れた価値をただ引き出すことに過ぎず、衰亡するものの運命にまかせることにほか

ならない。はぶかれている面倒とは、つまり⑧この所有ということの能動性なのである。

⑨今日、品物は生活の中をただ流れていくにすぎず、本当の意味でわれわれの手の中に留まらない。日に日に汚くなって行く家具や洋服を眺めながら、ひとびとはまだ買っていない、より良い家具や洋服のことだけを考えている。既に手の中にある品物は滅びつつあり、心を占めているのはまだ手に入っていない品物だとすれば、現代人が自分を豊かだと思えないのはむしろ当然ではないだろうか。

――――（二）うそ――――

「うそ」というものは、心理学的には、人間が、心の中では、一つのことを考えながら、他方では他のことを行動するという現象である。

子どもが「内と外」、内部の心理的世界と、外部の世界との区別を知ることと、密接に関連している。うそを言えるという能力の進展なくしては、「内と外」との区別は不可能であるといってよい。

もちろん、能力があることは、それを現実に行使することを意味するものではない。しかし、子供においては、うその能力は、少なくとも数回または数十回、実際にうそをいう、という体験を伴うものに違いない。そうして、このようなうそをいう体験をとおして、「内と外」とが、子ども自身のものになっていくのである。

日本では、これははじめ、まず「よそいき」のようす、態度をとって、あらわれるのではないかと思われる。親は子供をつれて、客に呼ばれていくときには、「おとなしくするのですよ」とか、「へんなことをいうのじゃありませんよ」とか言って、さとす。これは、子どもには、「内と外」との区別を知る①きっかけになるものである。

だが、②このような行為は、「ウソ」であるが、これは、社会生活にとって、有害なものであるが、けっしてそうはいえない。内と外というものは、人間が、社会生活において達成した、一つの進歩であり、それによって、人間は社会生活を、なめらかに進行させていくことができるのである。

人間がみんな、③「内」で考えることを、そのままの形で、「外」に出していたら、どうなるであろうか。おそらく、人間社会は、野獣の集まりにことならないもの

になるであろうか。

（三）花

　大昔の人びとは、花に囲まれていました。だから、花をわざわざ表現しようとおもわなかったのです。ところが、人間は文明を発達させるにつれて、自然を壊していきます。そして、自然を壊せば壊すほど、人は①花を表現するようになったのではないでしょうか。

　森林や草地を開いて、垣根をつくります。垣根の中には、木を植えたり草花を植えたりして花を楽しみます。建物のなかはいくつもの部屋に分かれた完全に人工的な空間です。この人工的な空間のなかで、人間は長い時間を過ごすようになってきます。そうすると、殺風景な気分を和らげるために、そこに自然をもちこみたくなります。部屋の壁に花の模様を使ったりします。窓の外には花壇をつくります。

　（中略）世界的にみても花の造型の歴史は新しく、とくに花専門の絵が出てくるのはわずか100年前のことなのです。このように花の造形の歴史が非常に新しいという事実の解釈として、知的な発達で人間は花を愛するようになったという解釈もあります。しかし私はむしろ、人間は自然を壊せば壊すほど花を愛するようになったのではないかと考えているのです。

単　語

（一）

渇望（かつぼう）	（名）	渴望
飢餓感（きがかん）	（名）	饥饿感
意地（いじ）	（名）	心肠、心眼儿
あくせく	（副）	辛辛苦苦、操劳
唆す（そそのかす）	（他五）	教唆、唆使
にわかに	（名・形動）	立刻，突然
にもかかわらず	（接）	尽管、虽说
噛みしめる（かみしめる）	（他下一）	咀嚼，细细品味

奇妙（きみょう）	（形动）	奇妙、奇特
すなわち	（名・接）	即、换言之
荒廃期（こうはいき）	（名）	荒废期
丹念（たんねん）	（名・形动）	精心、细心
衰亡（すいぼう）	（名）	衰亡、衰朽
受動的（じゅどうてき）	（形动）	被动的

（二）

諭す（さとす）	（他五）	教导、教诲
余所行き（よそいき）	（名）	客气，装模作样
滑らか（なめらか）	（形动）	平滑
野獣（やじゅう）	（名）	野兽

（三）

垣根（かきね）	（名）	篱笆、栅栏
殺風景（さっぷうけい）	（名・形动）	冷清，乏味
模様（もよう）	（名）	样子，花样，情况

文 法

1. ～ようが（も）ない

表示"没有办法""不能够"等意。本课之意也是"战后的日本已经变得相对富裕，这是毫无疑问的事实"。

○ こんなにひどく壊れていたら、直しようがない。

（坏得这么严重的话，已经无法修了。）

○ 夫婦の関係はもう修復しようがない。

（夫妻关系已经到了无法挽回的地步。）

○ ここまで来てしまったから、もう戻りようもない。

（都到这儿了，已无法回头了。）

2. ～げ

表示"带有某种样子"。接在形容词、形容动词的词干、动词连用形（ます形）的后面。本课为"带有充满欲望的面孔"的意思。

○ その人は退屈げにテレビを見ていた。

　（那个人很无聊地看着电视。）

○ 彼女の顔にはどこか悲しげなところがあった。

　（她的脸中带有一丝悲伤。）

○ 彼女のそのいわくありげな様子が私には気になった。

　（她那欲言又止的表情令我不安。）

3. ～ほかならない

　　表示"无非是……""不外乎……"等意。常用"XはYにほかならない"的形式，表示X不是其他，确实是Y。书面用语。相关句型："ほかならないN""ほかならぬN"，表示"既然是""无外""无非"等意思。本课为"无非是任由物质衰亡"的意思。

○ 今回の勝ちはチーム全体の努力にほかならない。

　（这次的夺冠，完全是大家努力的结果。）

○ 君こそ私の求めていた理想の女性にほかならない。

　（你就是我追求的理想的女性。）

○ これは私が買いたい物にほかならない。

　（这就是想买的东西。）

4. において（は）

　　表示"在……地点""在……时候""在……方面"之意。接表示场所、时代或状况的名词后表示某事发生或状况存在的背景。此时可用"で"替换，但比"で"郑重。在用于"关于……"方面，后面多用对其事物的评价或与其他事物做比较的表达形式。本课为"对孩子来说，说谎的能力一定伴随着至少几回或几十回实际的说谎体验而培养起来的。"

○ 卒業式は大講堂において行われた。

　（毕业典礼在大礼堂举行。）

○ その時代において、女性が学校に通うのは珍しいことであった。

　（在那个时代，女性上学是很少见的事。）

○ 車の修理技術において彼にかなうものはない。

　（在汽车修理方面没人能赶得上它。）

○ 色の美しさにおいてはこの作品が優れている。

　（在色彩的美观方面这个作品非常出色。）

5. むしろ

　　表示"倒不如说……""反倒……"等意。将两个事物加以比较，表示从某方面来说，其中一方程度更高一些。此外常用"XよりもむしろY"的形式，表示从某方

面来说Y方程度更高一些；"V-るぐらいならむしろ～"的形式表示"如果……的话，还不如……"。本课为"但我却认为，是因为人类随着自己破坏自然程度的加深而越来越喜欢上花的。"

○ 景気はよくなるどころか、むしろ悪くなってきている。
　　（经济状况不但没有好转，反倒是越来越糟。）
○ 会えないくらいならむしろ死にたい。
　　（如果再也见不到的话，还不如死掉的好。）
○ 美しいというよりむしろ可愛い人です。
　　（与其说是美，倒不如说可爱。）
○ あの人は作家というよりむしろ評論家です。
　　（与其说那个人是作家，倒不如说是评论家。）

練　習

一、次ぎの漢字に振り仮名をつけなさい。

渇望（　　　）　　永遠（　　　）　　飢餓感（　　　）
性質（　　　）　　相対（　　　）　　受動（　　　）
荒廃期（　　　）　行為（　　　）　　品物（　　　）
家具（　　　）　　当然（　　　）　　戦後（　　　）

二、次ぎの片仮名に適当な漢字をかきなさい。

1. 人間のヨクボウ（　　　）　　2. 人間のイブクロ（　　　）
3. キミョウな感じ（　　　）　　4. カチを減らす（　　　）
5. 自然なスイボウ（　　　）　　6. ミッセツに関連する（　　　）
7. ヤジュウの集まり（　　　）　8. カキネをつくる（　　　）
9. ゾウケイの歴史（　　　）　　10. 災害をマネく（　　　）

三、文章(一)を読んで、後の問いに答えなさい。答えは、①・②・③・④から最も適当なものを一つ選びなさい。

　問一　①「人間に仕掛けられた」とはどんな意味か。
　　①　他の何かによって人間に仕掛けられたという意味。
　　②　他の何かに対して人間が仕掛けたという意味。
　　③　人間にとって他の何かが仕掛けたという意味。

④　人間が他の何かに仕掛けたという意味。

問二　②「もの」と同じ意味用法のものはどれか。

①　人間は欲に現界がないので、満ち足りた満足を味わえないものだ。

②　彼の話には、実際に経験した人ならではの説得力というものがある。

③　子どものころは、この川沿いで泥まみれになって遊んでいたものだ。

④　過ぎ去ったことはややもすれば美しく思い出されるものだと言われる。

問三　③「本質的な飢餓感」とはどんな「飢餓感」か。

①　豊かさへの渇望によって生まれた、人間に仕掛けられたわなのような飢餓感。

②　わずかばかりの富を増すためにあくせく働くことを諦められない飢餓感。

③　絶えずより良いものを求めていて、完全な満足を知らないような飢餓感。

④　欲望に限界がなく、豊かになっていても満足しないような飢餓感。

問四　④「疑いようもない」の意味に最も近いものはどれか。

①　疑うつもりはない。

②　疑う価値がない。

③　疑う余地がない。

④　疑うはずはない。

問五　⑤「戦後の荒廃期にはあきらめていた日本人」とあるが、当時の日本人は何をあきらめていたのか。

①　ものが満ち足りて豊かになること。

②　富を増すためにあくせく働くこと。

③　永遠の飢餓感にそそのかされること。

④　いつも物欲しげな顔をしていること。

問六　⑥「われわれの胃袋はもう少し健康的で、すでに手に入れた富をもっと味わうことが出来てもよいはずだ」とあるが、ここで作者は何を暗に批判しているのだろうか。

①　食べ物が豊かになったが、胃袋が健康的ではないので、それを味わうことができない。

②　ものを豊かに手に入れるようになったが、それをよく消化する能力はもっていない。

③　手に入れた富を味わうことができるような健康的な胃袋を持たなければ意味がない。

④　ものを豊かに手に入れているが、健康的な胃袋を持つ必要性を忘れてい

た。
　問七　⑦「飢えていながら食欲のない奇妙な飢餓感」とはどんなものだろうか。
　　①　より豊かさを強く求めていながら、それ味わおうとする意欲はないという飢餓感。
　　②　食べ物が足りなく飢えてはいるが、胃袋が弱く食欲がわいてこないような飢餓感。
　　③　手に入れた富がたくさんありすぎて、どれを味わっていいか分からなくなった飢餓感。
　　④　ものが豊かになりすぎて、そこから好きなものを選んで味おう意欲がないという飢餓感。
　問八　⑧「この所有ということの能動性」にある「能動性」とは何の意味か。
　　①　保存に気をつけてやること。
　　②　たんねんに手入れをすること。
　　③　ものの自然な衰亡と不断に戦うこと。
　　④　値打ちを増すように懸命につとめること。
　問九　⑨「今日、品物は生活の中をただ流れていくにすぎず、本当の意味でわれわれの手の中に留まらない」とあるが、作家は何を言おうとしているのか。
　　①　ものが時間とともに破損し衰亡していくが、それを防ぐために能動的に努力しないこと。
　　②　他人がものに入れた価値を生活のために利用しているだけで、その価値を知らないこと。
　　③　すでに手に入れたものより、まだ買っていないより良いものだけを考えて求めていること。
　　④　ものが生活自体に結びつかず、用ずみになりしだい生活の中から次々に姿を消していくこと。
　問十　この文章の意味を最も正しく表している文はどれか。
　　①　永遠の飢餓感は、欲望に限界がない以上、消えることのないものであって、それは豊かになろうとなかろうと、関係のないものである。
　　②　日本での1970年代以降に現れた飢餓感は、豊かになった結果起こった飢餓感であって、それは人間の欲望や物足りなさと関係がなさそうだ。
　　③　ものを使い捨てではなく、所有することによって初めて、物の本当の価値が分かり、人間も本当に豊かになったと実感することができる。
　　④　現代日本人の飢餓感は、ただ他人がものに入れた価値を使い捨てていく

だけで、本当の意味でものを所有せず、もの自体が手に残らないというものだ。

四、文章（二）を読んで、次ぎの問いに対する最も適当な答えを①・②・③・④から一つ選びなさい。

問一 ①「きっかけ」という言葉が正しく使われているものを①・②・③・④の中からひとつ選びなさい。
① あせらなくて、きっかけが来たら、自然に分かるようになる。
② 君のきっかけがなかったら、僕は成功しなかっただろう。
③ ゴルフがきっかけで、私たちは話しをするようになった。
④ がけ崩れがきっかけで大雨になった。

問二 ②「このような行為」とは、どのような行為か。①・②・③・④の中からひとつ選びなさい。
① 親が子供にウソをつくこと。
② 親が子供をよそに連れて行くこと。
③ 親が子供によそいきの態度を教えること。
④ 親が子供にウソが悪いことだとさとすこと。

問三 ③「『内』で考えることを、そのままの形で、『外』に出していたら」とは、どういう意味か。次の中からひとつ選びなさい。
① 正直すぎたら、ということ。
② ウソをついたら、ということ。
③ 内と外を区別したら、ということ。
④ よそいきの態度で接したら、ということ。

問四 この文章と合うものを①・②・③・④の中からひとつ選びなさい。
① 子供のウソは、大人のように有害ではなく、罪のないものである。
② ある意味で、ウソというものは、人間の社会生活に必要なものである。
③ ウソの能力なくしては、人間の社会生活の進歩発展はありえない。
④ 「内」と「外」の区別は有害であることを、子供に教える必要がある。

五、文章（三）を読んで、次ぎの問いに対する最も適当な答えを①・②・③・④から一つ選びなさい。

問一 ここでの①「花を表現する」例として、適当でないものはどれか。
① 花びんに花を飾ること。

② 部屋のカーテンを花柄にすること。
③ 校庭に花を植えること。
④ 毎年春に、花見をしに行くこと。
問二 この文章によると、人間が花を愛する気持ちを強くするのはなぜか。
① 花を描いた造形物が増え、花の魅力をより感じるようになったから。
② 人間の知能が発達し、花の美しさを理解できるようになったから。
③ 文明の発達に伴い、周囲から自然が失われていくから。
④ 何もない空間に飽きてきたから。
問三 この文章では何を説明しているか。
① 人間が花を表現したがる理由。
② 日本における花の造形の歴史。
③ 今日における自然破壊の原因。
④ 花の表現形式の移り変わり。

読解類型分析

　　心理学是一门研究人类的心理现象、精神功能和行为的科学，既是一门理论学科，也是一门应用学科，包括基础心理学与应用心理学两大领域。心理学研究涉及知觉、认知、情绪、人格、行为、人际关系、社会关系等许多领域，也与日常生活的许多领域——家庭、教育、健康、社会等相关联。

　　通过对近14年来的日语专业四级考试中49篇阅读的分析，我们发现，涉及心理学的知识共出现3篇，并且都是在最近几年。分别在2012年、2013年、2014年。如图所示：

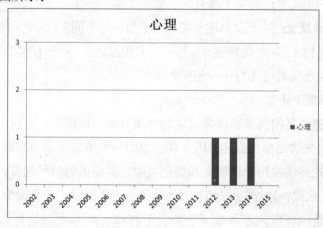

其中，长篇是两篇，在 2012 年、2013 年。由此可见，与心理学相关的内容越来越受到重视。

読解技法
文章常用的论述方法

在一般文章中，作者为了清晰地表达意思、说明观点，常使用有一定逻辑形式的论述方法，例如序列法、例证法、因果法、定义法、对比法、归纳法、演绎法、三段论法和辨证论法等。理解论述的逻辑方法对解答题目有直接的帮助：

判断文章的主题句位置 → 理解文章主题；

判断文章结论的位置 → 理解文章主旨、段落大意；

辩明作者的意见、看法 → 回答作者的意图、观点；

判断文章结构 → 进行阅读预测；

把握段落关系 → 完成段落顺序填空；

准确判断上下文联系 → 正确补入连接词。

（1）类比、对比论述法

类比和对比是人们熟悉的论述方法，类比着重审视两个或多个事物，找出其相似处；对比则侧重比较事物的不同点。

类比、对比法常用于议论文、说明文和一些描写性文章。类比、对比法的常用信号词有下面几类：

表示相似概念：~と同じ（与……相同）、~と（に）似ている（与……相似）、~のようだ（如……一样）、~に近い（与……相近）、~とそっくり（与……如出一辙）、~と一緒だ（与……同样）、いずれも（……都是）、どちらも（无一例外都……）、どれも~（所有）、皆~（都……）。

表示差异概念：~と食い違っている（与……不同）、~と別物だ（与……不是同一个事物）、~と全然違う（与……大相径庭）、~とあべこべだ（与……正相反）、~と反対だ（与……相反）。

（2）因果论述法

因果论述法是阐明事物因果关系的常用方法。使用中，有时先讲原因后叙述结果，有时先讲结果再叙述原因。即：原因→结果或结果→原因。

因果型论述法常用于说明文和议论文中，其常用的信号词有：なぜ~でしょうか（为什么呢？）、~というのは~からだ（之所以……是因为……）、~わけだ（所以是……）、どうして~か，それは~からだ（为什么呢，这是因

为……）、～だから、～だ（因为……所以……）、～のためだ（是由于……的缘故）。

（3）归纳论述法

由一系列具体事实、事例概括、推论出一般性原理、结论的论述方法。即：事实A＋事实B＋（……）→结论。

（4）演绎论述法

由一般原理、结论推出特殊情况下的具体事实、事例的论述方法。即：因为一般原理A成立→具体事例B成立。

（5）三段论述法

由两个前提推导出一般原理、结论的论述方法。即：大前提A→小前提B→结论C。

（6）辨证论述法

提示"正""反"两种对立的观点、事例，选取二者的可取之处，扬弃不当之处，在新的高度形成统一的论述方法。

即：正面论述A＋反面论述B→总结C。

即看清楚问题是什么，是结论、主旨、还是原因，然后在阅读时通过论述结构直接在相应的段落中找到答案，这是解答阅读题的技巧。

例：

官能（注1）検査で「いい」「悪い」と判断してもらうためには、一対（注2）比較法というのを用います。見かけはまったく同じで、実際には味の違うものを食べてもらうとか、同じようなケースに入れた香水の香りをかいでもらうとかです。この場合、二つの方法があります。まず、第一の方法ではAとBを比較して、Bがよいといい、BとCを比較してCがよいといったとします。ここで（①）を比較したとき、（②）が（③）よりよければ問題がないのですが、Aの方がよいといったあとすれば、判断の誤りがあるということになります。

注1：官能：音、色、味、温度などを感じる働き。

注2：一対：二つで一組になっているもの。

【問い】（①）・（②）・（③）には何が入るか。組み合わせとして適当なものを選びなさい。

① ① AとB　② A　③ B
② ① AとB　② B　③ A
③ ① AとC　② A　③ C

④ ① AとC ② C ③ A

　　这是根据上下文关系排序的题。做题的时候，需要先搞清具体内容间的关系。上一段末尾有"这种场合下，有两种方法"，而第二段开始说明了第一种方法，便可推论出接下来介绍的是第二种方法。根据内容，便是"要是A和C比较的时候，C比A好的话，那就行了。"

　　正解：④

言語文化コラム

「〇活」に新たな意味 (2)

省略語にとどまらず

　ここまで取り上げた「〇活」は、就職（就活、ソー活、転活）、結婚（婚活、離活）、出産（妊活、保活）、臨終（終活）——などいずれも人生の重大事であるという共通点がありました。ですが週刊誌の見出しや新語辞典などに躍る「〇活」はそうした範囲に収まらず、最近では「美活」「寝活」「温活」まで登場し、もはや乱造ともいえる域に及んでいます。

　こうした状況について、花園大学の橋本行洋教授（日本語学）は「活が『語構成要素』（接尾語）になった」とみています。以前は就職活動、結婚活動など元となる語が前提としてあり、その省略形として生まれていました。しかし現在では元となる語を前提とせずに、いきなり「〇活」だけで造語力を持つに至ったというわけです。「保育所入園活動」を省略したわけではない保活は、前段階の言葉を経ずに誕生した好例といえます。

辞書での意味も変化

　橋本教授は「活が『努力』の意味を表すようになった」とも見立てています。「就活、婚活は就職、結婚という『目的に向けての活動』を意味している。例えば従来あったクラブ活動という用法は、『クラブという目的に向けての活動』ではなく『クラブとしての活動』の意味で、直接の目的ではなかった点が異なる」（同教授）。ある目的のために積極的な行動をすることは、総じて自ら努力することでもあります。その点が「活」一字だけで表現できるようになったため、造語に際して非常に使い勝手が良くなったのではないか、と。

　「活動」の語釈で新明解国語辞典（三省堂）は第4版まで「そのものにふさわしい動き（働き）を見せること」などと単純な記載でした。しかし97年発売の第5版では「目的（使命）に応じた積極的な行動や運動をする

第十五課

こと。また、その行動や運動」という項目を追加しています。活動に「目的のために」という意味が新たに加わったことも、「〇活」が違和感なく受け入られる下地になったのかもしれません。

業界がブーム仕掛けている側面も

就職や結婚が典型ですが、かつては自然に行われていたことが難しくなり、努力しないと成就できないようになった社会情勢やライフスタイルの変化も背景にあるのでしょう。努力のサポートやノウハウの提供には商機が生まれます。「〇活」という言葉の誕生を考えるに当たっては「産業との結び付き」も見逃せない要素だと橋本教授は指摘します。

「婚活」ならブライダル業、「終活」なら葬祭業、「美活」なら美容業……と、「〇活」という言葉の流行は大きなビジネスチャンスにつながります。ですから業界側からブームを仕掛けている側面も大きいはずです。こうした「〇活」の今後について橋本教授は「就活と婚活は残る。ただほかは現在ははやり言葉にすぎず、このはやりが続くかどうか。パッと出てすぐに消えるものも出てくる」と予測しています。

あれこれ調べているうちに、ふと気になる単語を見つけました。「独活」。独身でなくなるためなら婚活だし、独身になるためなら離活のはず。正解は辞書の中にちゃんとありました。独活は「おひとりさま」のように、積極的に生涯、独身を通すことではありません。何のことはない、山菜の一種「ウド」を漢字書きしたもの。婚活など結婚にまつわる「〇活」があふれているせいで、「独」をてっきり独身のことだと思い込んでしまったのが間違いのもとでした。

第十六課

──── （一）　真の世界 ────

　デカルトが述べたことで、もう一つ、科学の発展にとって非常に重要だったことは、世界の真実の状態と、われわれが五感で認識する世界の状態とは、必ずしも同じものではないかもしれないという指摘にある。私たちは、地面の上に空が広がり、空は青くリンゴは赤いと認識するが、そうやって私たちが認識する通りのものが、まさに世界の物質の実態であるとは限らない、と彼は指摘した。

　①このことも、デカルト以前の時代には、はっきりと認識されてはいなかった。物体が落ちるのは、まさに「上から下」に向かって落ちるのであって、色には、私たちが見るとおりの「赤」なら②「赤」の本質というものがあると思われていたのである。

　事実は、万有引力の法則によって物体が互いに引き合うのであり、「上から下」へは、たまたま地球が非常に大きいために、地上のものはみな地表に引きつけられるから起こることである。色も、実はいろいろな波長の電磁波であり、私たちの網膜の細胞に喚起されるインパルスの違いが、異なる色として認識されるだけである。

　これは、デカルトのたいへんな慧眼であったと私は思う。人間は、なかなか、③自分自身にとっての現実から逃れられない④ものだ。自分の実感と世界の真の姿との間に、なんらかの（　⑤　）があるかもしれないなどと気付くのは、なみたいていのことではないだろう。

　しかし、そこで次にまた疑問がわく。私たちの世界の認識は、世界の真の姿とは関係がなく、なんら特別な根拠のない把握の仕方なのだろうか。それとも、まったく同じものを把握しているのではないとしても、⑥私たちの世界の認識は、なんらかの形で真実と対応した認識の一形態なのだろうか。つまり、私たちの世界の認識の仕方は、まったく無作為、任意の、たまたま偶然的になされる勝手なものなのか、それとも、なんらかの真実との対応をもっているものなのか、ということである。

　これは、科学的知識の確かさについての、昔からの議論の題材である。さらに、

最近のポストモダンの⑦相対主義者ならば、科学も、ある個人の世界の認識も、すべては、単に一つの見方、勝手な構築にすぎないというのだろう。

しかし、私はそうは思わない。私たちが世界をどのように認知するかは、私たちという生物種が、ある特定の生態学的位置の中で生存していく上で、役に立つような仕方に作られている⑧はずだ。私たちは、空を飛ばずに地上を歩く生物なので、⑨三次元的なアクロバティックな運動や感覚には優れていない。一方、昼間に活動する生物なので、色や明暗の識別には長けている。その意味で、私たちの感覚の世界は制限を受けている。しかし、私たちの認識は、確かに、世界の真実の一部と対応している。

（二）　目がない

目は、背中にはついていない。だから僕らは、前は見えても後ろは見えない。というのは嘘で、見ようと思えば、後ろだって見える。ふりむく必要はない。後ろを見る力のことを、想像力というのだ。後ろだけではない。普通の想像力があれば、①他人の目からだって、自分を見ることができる。他人から見ると、自分はどう見えるか。それが、想像力の出発点だろう。

幕が開いてから客席に入ってくる人がいる。②あんな迷惑なものはない。ああいう人は、人から自分がどう見えているかが、まったく見えていないんだろう。完全な想像力欠乏症である。長い背中をやたら延ばして、ひときわ高く席に座っているのも、③後ろに目がない人の典型である。

（三）　哲学者

哲学者というと、なにやら難しいばかり考える静かな書斎の人というイメージを（　①　）が、古代ギリシアの哲学者たちはそろいもそろって人間味あふれるユニークな人たちでした。

ギリシア哲学の祖とも言えるソクラテスは、恐妻家としても有名です。しかし、そのことを恥じていたふうでもなく、「よい妻を持てば幸福者になれるし、悪い妻を持てば哲学者になれる」などと、とぼけたことを言っていました。

その弟子のプラトンは、スポーツマンとしても知られていました。そもそもプラトンという名前も、身体のデカイ奴という意味の仇名だったのです。プラトンの強さは中途半端ではなく、当時の大きな競技大会では、レスリングの選手として優勝しているほどです。

単　語

（一）

地面（じめん）	（名）	地面、地上
電磁波（でんじは）	（名）	电磁波
網膜（もうまく）	（名）	视网膜
インパルス（impulse）	（名）	神经脉冲，电脉冲
慧眼（けいげん）	（名）	慧眼，目光锐利
根拠（こんきょ）	（名）	根据、依据
並大抵（なみたいてい）	（名・形动）	一般、简单
なんら	（副）	任何、丝毫（不）
なんらか	（词组）	什么，一些
ポストモダン（postmodern）	（名）	后近代主义
アクロバティック（acrobatic）	（名・形动）	杂技般地
構築（こうちく）	（名）	构筑，建筑
長ける（たける）	（自下一）	擅长、善于

（二）

振り向く（ふりむく）	（自五）	回头、转头，关心
やたら	（形动・副）	过分，盲目
一際（ひときわ）	（副）	格外、尤其

（三）

書斎（しょさい）	（名）	书房
恐妻家（きょうさいか）	（名）	怕老婆的丈夫
惚ける（とぼける）	（自下一）	装傻，滑稽
仇名（あだな）	（名）	绰号，虚名

文法

1. 必ずしも～ない

　　表示"不一定""未必""不尽然"等含义。常与"わけではない""とはかぎらない"等表达方式连用。书面用语。本课意为"世界真实的状态和我们通过感官所认识到的世界状态也许并不是一样的"。

○ 金があれば必ずしも幸せになるとは限らない。

　　（有钱并不一定就会幸福。）

○ 貧乏だからといって必ずしも不幸ではない。

　　（贫穷并非就会不幸。）

○ 社長はその提案に必ずしも賛成ではない。

　　（社长未必赞成那个提案。）

2. なんら～（ない）

　　副词，表示"没有任何……""毫无……等"之意。此外常用"なんらのNもV－ない"，表示"没有丝毫的……"的意思。本课为"没有任何依据的解决方式吗"的意思。

○ 何ら困らない。

　　（毫不为难。）

○ なんら心配はない。

　　（丝毫不担心。）

○ なんらの問題もありません。

　　（没有任何问题。）

○ 貴社の対応にはなんらの誠意も感じられない。

　　（从贵公司的应对方面没有感到任何一丝诚意。）

3. ひときわ

　　副词，表示"格外""尤其""特别"等意，本课里的意思为"还有那些把背挺得过分直的，坐得格外高的人，这些都是'背后没有长眼睛的人'的典型"。

○ ひときわ背が高い。

　　（个头特别高。）

○ 中でも彼女はひときわ美しかった。

　　（即使在她们之中，她也显得尤其美。）

○ 人込みの中で父の赤いセーターはひときわ目立った。

　　（爸爸穿着红毛衣，在拥挤的人群里显得格外引人注目。）

練習

一、次ぎの漢字に振り仮名をつけなさい。

認識（　　　　）　　地表（　　　　　）　　波長（　　　　）
電磁波（　　　　）　　網膜（　　　　　）　　細胞（　　　　）
慧眼（　　　　）　　想像力（　　　　　）　　疑問（　　　　）
根拠（　　　　）　　書斎（　　　　　）　　恐妻家（　　　　）

二、次ぎの片仮名に適当な漢字をかきなさい。

1. バンユウインリョク（　　　　　）　2. カッテなもの（　　　　　）
3. メイアンの識別（　　　　　）　　4. ケツボウショウ（　　　　　）
5. アダナ（　　　　　）　　　　　　6. コウフクシャになれる（　　　　　）
7. 命をウバう（　　　　　）　　　　8. カイテキな季節（　　　　　）

三、文章（一）を読んで、後の問いに答えなさい。答えは、①・②・③・④から最も適当なものを一つ選びなさい。

問一　①「このこと」は何を指しているのか。
① デカルト以前の時代に、はっきりと認識されていなかったということ。
② 私たちは、地面の上に空が広がり、空は青くリンゴは赤いと認識するということ。
③ 私たちが認識する通りのものが、まさに世界の物質の実態であるとは限らないということ。
④ 世界の真実の状態と、われわれが五感で認識する世界の状態とは、同じではないということ。

問二　②「『赤』の本質というものがあると思われていた」とあるが、なぜそうなるのだろうか。
① 世界の真実の状態を表していると思われていたから。
② 我々の五感が世界を正しくとらえていると思われていたから。
③ 我々が認識する通りの物質の実態があると思われていたから。
④ 世界の物質の実態は我々の認識に関係していると思われていたから。

問三　③「自分自身にとっての現実」とは、どういう現実なのか。

① 物体が互いに引き合うという現実。
② 自分が世界を正しく認識できる現実。
③ 自分の実感と世界の真の姿という現実。
④ 自分の五感で認識し把握している現実。

問四　④「ものだ」の用法と同じものは次のどれか。
① 一度でもいいから、宇宙旅行したいものだ。
② 子供の時に、よくクラスメートと一緒にここで遊んでいたものだ
③ 世界の真実の状態と、人間が認識する世界の状態とは、同じものだ
④ 物は、使いようによっては、本来の役割と違った役割も果たすものだ

問五　（　⑤　）に入る最も適当な言葉は次のどれか。
① 関係
② 現実
③ ずれ
④ 矛盾

問六　もし⑥「私たちの世界の認識は、なんらかの形で真実と対応した認識の一形態」であるとすれば、科学知識に対してどんな考えを持つことになるのか。
① 科学知識は、まったく無作為、任意の、偶然的になされたものである。
② 科学知識は、全部ではないが、世界の真実の一部と対応している。
③ 科学知識は、世界の真の姿とは関係がなく、特別な根拠がない。
④ 科学知識は、人間の角度から世界の真実を正確に捉えている。

問七　⑦「相対主義者」の科学知識に対する認識はどんなものか。
① 人間が勝手に構築したもの。
② 世界の真の姿と合わないもの。
③ 根拠のない把握の仕方によるもの。
④ 無作為、任意的、偶然的になされるもの。

問八　⑧「はずだ」の意味は次のどれか。
① すべきだ。
② 当然、そうである。
③ しなければならない。
④ そうすればいいなあ。

問九　⑨「三次元的なアクロバティックな運動や感覚には優れていない」とあるが、何を説明しようとしているのか。

① 人間は、他の動物のように三次元の運動や感覚に優れていないから、感覚の世界で制限を受けていること。
② 人間は、ある特定の生態学的位置に置かれているので、生存に役立つような仕方で認識していること。
③ 人間は、昼間に活動する生物なので、色や明暗の識別には長けているという特徴を持っていること。
④ 人間は、ある特定の生態学的位置に置かれているので、感覚の世界は制限を受けていること。

問十　この文章の筆者の主張に合うものは次のどれか。
① デカルトの言うように、人間の認識するものが物質の実態とはかぎらないが、しかし、それと対応している部分もあることは確かであろう。
② デカルトの認識論は科学の成立根拠に疑問を呈したものであり、これがポストモダンの相対主義者による科学批判の根拠となったが、このような批判は的を得ていない。
③ デカルトは、人間の認識は人間固有のもので、世界の原理を普遍的に説明できないとしているが、人間の創造した科学は普遍性のある法則を確立できる可能性を秘めている。
④ デカルトの認識論は人間による認識が絶対的なものではないことを示しているが、人間による世界の認識は、世界の真実の状態と必ずしも同一ではないものの、虚構とまではいえない。

四、文章（二）を読んで、次ぎの問いに対する最も適当な答えを①・②・③・④から一つ選びなさい。

問一　①「他人の目からだって、自分を見ることができる」と同じ意味の文はどれか。
① 他人は自分の前も後ろも見ることができる。
② 他人から見えないものでも見ることができる。
③ 他人から見ると自分はどう見えるか想像できる。
④ 他人の見かたと自分の見かたは全然違うものである。

問二　②「あんな迷惑なものはない」とあるが、何が迷惑なのか。
① 幕が開いてからふりむく人がいること。
② 幕が開く前に案内係の人が入ってくること。
③ 幕が開く前に客席に入ってくる人がいること。

④ 幕が開いてから客席に入ってくる人がいること。

問三 ③「後ろに目がない人」はどんな人か。
① 想像力のある人
② 想像力のない人
③ 背がとても高い人
④ 客席の後ろに立つ人

五、文章（三）を読んで、次ぎの問いに対する最も適当な答えを①・②・③・④から一つ選びなさい。

問一 （ ① ）に入る適当な言葉を選びなさい。
① 抱きがちです
② 抱くわけです
③ 抱きかねます
④ 抱くべきです

問二 「プラトン」という名前についての説明として、次のどれが正しいですか。
① プラトンのボディースタイルからきたのだ。
② プラトンの奴隷という身分からきたのだ。
③ プラトンの仇敵に付けられたのだ。
④ 当時レスリングの優勝者に対する尊称なのだ。

読解類型分析

　　"哲学"一词，为日文的汉文翻译，在19世纪末被引入中国使用。冯友兰说"哲学就是对于人生的有系统的思考"，英国哲学家罗素也说哲学"包含着人类对于那些迄今为止科学知识仍无法肯定的事物的思考"，总之，哲学就是与人相关、并引起人深刻思考的学问。

　　通过对近14年来的日语专业四级考试中49篇阅读的分析，我们发现，涉及哲学的篇幅较少，共出现4篇。分别是在2002年、2007年、2012年。如下页图所示：

　　这4篇文章全部为短篇，也仅仅是能稍微引起哲理思考的小文章，缺少哲学原理、哲学思维、中外哲学比较等内容，甚至连哲人故事相关的内容也没有提及。学生有必要加强对哲学的认知，以便更深刻地理解人生。

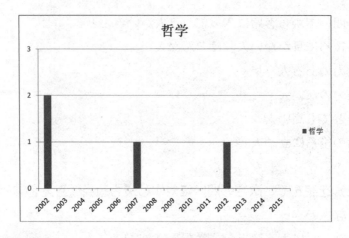

読解技法

文章的篇章结构和文章预测

1. 文章的篇章结构

了解文章的篇章组织结构模式，可以帮助我们更快、更好、更有效地研读文章、解答题目。在日语能力考试中，除了最基本、最常见的篇章组织结构模式、先后顺序结构、因果关系结构等类型之外，还有以下几种：

（1）平行列举结构

平行列举结构是指在文章中列举一连串的细节，如例子、理由或事实等以支持某一论点的文章结构方法。

平行列举的细节没有先后序列顺序，而是作者根据自己的意图决定。即使在有一定难度的日语文章中，列举也是常见的形式。

平行列举可能直接采用归纳或演绎等逻辑方法，也可能先概括再列举事例，或先列举事例再进行概括。

（2）类比·对比结构

类比·对比结构用来说明两种事物的相似或不同之处，或者说明两者相似但又有不同之处。

类比·对比结构中有许多常见的信号词，熟悉这些词语对判断结构类型非常有帮助。

2. 文章预测

文章预测是指在阅读理解文章、解答题目的过程中，阅读者利用语言、逻辑及文化知识线索来预测下文将出现的信息，从而主动、积极地去理解文章、解答题目的过程。可以说，阅读理解、解答题目的过程就是一个不断预测—证实—

修正—理解的过程。

（1）方向预测

即预测文章的体裁（记述、描写、说明、议论文体）、预测文章结构、段落关系以及文章主题（说什么事）。

文章的方向预测包括借助文章前后的附加信息、文章标题，利用有关知识调动记忆中的相关信息，预测该文章的体裁、结构及主题。例如，一篇题为"日本の現代社会"的文章，我们很快就能判断出文章的体裁应该是说明文或议论文，文章主要的谈论对象是"日本社会"，进一步说就是"日本的现代社会"。这个短语的重点在"现代"（离被修饰词越近的修饰语越重要），文章必将围绕"现代"进行展开，可能是日本社会的古今对比，也可能对日本现代社会的科技、人文等方面进行阐述，或对日本社会的将来做一些展望。

总而言之，文章一定要围绕中心对象展开。在我们的阅读中，应在最短时间内对文章的描述对象有个大概的掌握，进而对下面的内容进行更快速地理解。

（2）语句预测

语句预测包括依据句型、句式、词汇等语言素材进行预测；也包括依据对话形式、会话关联原则等进行预测。

考试的时候往往会出"（ ）处最合适填上哪一句话"的题目，这就需要对文章内容进行预测，根据前后句内在的关联进行预测，也就是我们常说的"根据上下文理解"。语文老师告诉我们写文章不可跑题、偏题，所以这时和前后句意思最密切的一项必然是正确选项。比如空白的上文说"使用上的注意"，那么下文肯定就是直接回答使用方法，如果有选项是关于物品性质等的描述，千万不可选。考试所选的文章都是日本报纸或刊物上比较典型的文章，可谓"字字金贵"。

例：

私たち人間は小さな存在である。（第1段落）

かつて私がシスティナ礼拝堂の大壁画を眺めて、不思議な違和感を覚えたことがあった。そこに描かれている有名なミケランジェロの記念碑的作品『最後の審判』の中の、あまりにも巨大なキリスト像に圧倒されたのだろうと思う。私は、ヌネサンス時代よりも前の、平面的で様式化された人間像のほうが、今でも好きだ。やせこけて、あばら骨も浮き出している前かがみのキリストや人間たちに強い共感を覚えるからである。（第2段落）

ルネサンスは、「人間は偉大である」と力強く宣言した時代である。それまでの教会と神の権威のもとでは、人間は卑小でちっぽけな存在でしかな

かった。しかし、その小さな存在である人間たちには、現代の私たちのように、自分らが宇宙の最強の生物であるというおごりはなかったにちがいない。（第3段落）

私たちはふたたび、人間は小さな存在である、と考え直してみたい。（ ① ）、それがどれほど小さくとも、草の葉の上の一滴の露にも天地の生命は宿る。生命という言い方が大げさなら、宇宙の呼吸と言いかえてもいい。（第4段落）

空から降った雨水は樹々の葉に注ぎ、一滴の露は森の湿った地面に落ちて吸い込まれる。そして地下を水脈は地上に出て小さな流れをつくる。やがて渓は川となり、平野を抜けて大河に合流する。（第5段落）

その流れに身をあずけて海へと注ぐ大河の水の一滴が私たちの命だ。濁った水も、汚染された水も、すべての水を差別なく受け入れて海は広がる。やがて、太陽の光に熱せられた海水は蒸発して空の雲となり、再び雨水となって地上に注ぐ。（第6段落）

人間の生命は海からはじまった。人が死ぬということは、月並みな喩えだが、海に還る、ということではないか。生命の海に還り、再びそこから空に昇って行く。そして雲となり、再び雨となって、また地上への旅がスタートする。（第7段落）

それが私の空想する生命の物語だ。ごくありふれた安易なストーリーにすぎないが、私は最近、本気でそう思うようになった。（第8段落）

自殺するしかない人は、そうすればよいのだ。死のうとしても死ぬないとき」があるように、生きようと努力してもそういかない場合もあるからである。だが、大河の一滴として自分を空想するようになったとき、私はなにもわざわざ自分で死ぬことはないと自然に感じられるようになってきたのだ。
（第9段落）

問一　文中の（ ① ）に入れるのに最も適切なものは次のどれか。
①したがって
②または
③そのうえ
④だが

問二　筆者が空想する生命の物語は次のどれか。
①生命の海→空→雨→地上→雲・露→生命の海
②生命の海→地上→空→雲・露→雨→生命の海

③生命の海→空→雲・露→雨→地上→生命の海

④生命の海→雨→雲・露→空→地上→生命の海

問三　次の段落は文中のどの段落の後にいれたらよいか。

　人間とは常に物語をつくり、それを信じることで「生老病死」を超えることができるのではないか。

①第3段落後

②第4段落後

③第7段落後

④第8段落後

問四　筆者は、現代の人間は自分のことをどう思いがちだと言っているか。

①宇宙の最強の生物だ。

②小さな存在だ。

③あきらめがはやいものだ。

④よく空想するものだ。

問五　筆者は最も言いたいことは次のどれか。

①人間は偉大である。

②人間は小さな存在である。

③人間は常に生命の物語を空想する。

④人間の生命は海から始まり、また海に還る。

問一　根据本段的意思与前后文关系，本题应选④；其他选项均没有转折含义。

問二　根据本文第6、7段的意思，作者所想象的生命的故事应该是人的生命开始于生命的海洋，然后升上天空化作云与露再变为雨水来到地面，最后成为大河一起汇入生命的海洋。因此本题应选③。

問三　「人間とは常に物語をつくり、それを信じることで「生老病死」を超えることができるのではないか」文中的意思是"人们总是编造很多故事，相信这些故事，人们不就可以超越'生老病死'了吗"。根据全文意思和前后文的关系，本题应选④。

問四　本文第3段提到「その小さな存在である人間たちには、現代の私たちのように、自分らが宇宙の最強の生物であるというおごりはなかったにちがいない」，意思是"这样存在着的小人物不会像现代的我们一样拥有自己

是宇宙间最强大的生物的自豪感"。由此可见，现代人认为自己是宇宙间最强大的生物。本题应选①。

　　問五　从文章总体意思可以了解到作者想要说的其实是宇宙间人是弱小的存在，本题的答案应为②。

　　正解：【問一】④　【問二】③　【問三】④　【問四】①　【問五】②

言語文化コラム

今年の漢字

　　今年の漢字は、漢字（日本語漢字）一字を選びその年の世相を表す字であるとして決定、公表する日本漢字能力検定協会のキャンペーンである。1995年（平成7年）に開始し、毎年12月12日の「漢字の日」に発表している。

　　財団法人日本漢字能力検定協会が、その年をイメージする漢字一字の公募を日本全国より行い、その中で最も応募数の多かった漢字一字を、その年の世相を表す漢字として、原則として毎年12月12日「漢字の日」の午後に京都府京都市東山区の清水寺で発表することになっている。選ばれた漢字を「今年の漢字」と呼ぶ。各メディアでも、「今年の漢字」の呼称が用いられる。

　　発表時には、清水寺の奥の院舞台にて、日本漢字能力検定協会の理事も務めていた貫主の森清範により巨大な和紙に漢字一字が揮毫される。その後12月いっぱいまで本堂で一般公開されたのち、本尊の千手観世音菩薩に奉納される。第一生命保険のサラリーマン川柳、住友生命保険の創作四字熟語、自由国民社の新語・流行語大賞、東洋大学の現代学生百人一首と並んで、現代の日本の世相を反映する一つの指標である。

　　2009年は「漢検協会事件」が発生し、同協会の理事長とその息子の副理事長が同役職を辞任してその後逮捕される不祥事が起こり、森貫主は協会理事を辞任した上で「今年の漢字」企画への協力を拒否する可能性を示唆したが、新体制の発足に伴って姿勢を軟化させ、同年も前例通りに清水寺で森による揮毫が行われた。

　　また、近年では発表直前の12月上旬に、一部のニュース番組やワイドショーなどのマスメディアにおいて、いわゆる「10大ニュース」的な当年のニュース回顧を兼ねて「今年の漢字」の予想を行ったり、この年話題になった芸能人や著名人に対しその人にとっての「今年の漢字」がインタビューされることが恒例になりつつある。なお、「今年の漢字」は日本漢字

第十六課

能力検定協会によって商標登録されている。

　毎年、森が練習無しのぶっつけ本番で「今年の漢字」を書く。その日の朝に漢検の理事長が茶色の封筒に糊を貼って森のところに持って来る。封筒には親展と書いてある。しかも、中に二重位に紙がしてあって、外からは見えないようにしてある。筆は穂があまり長いと墨が垂れるので書けない、短いと墨持ちが悪いので、墨持ちをさせるために一番真ん中には牛耳毛が入っている。熊野筆で、羊毛を巻いて硬い毛も巻いてある。

　日本の「今年の漢字」は海外へ渡って、日本以外の漢字文化圏においても、漢字の特性に基づく興味深い行事として広がりつつある。

　中華人民共和国には、2006年から、国家言語資源観測研究センター付属のメディア言語分析センターなどが、注目を浴びた「今年の漢字」（汉语盘点、中国年度汉字）を発表。同年の「今年の漢字」は、国内部門では「炒」、国際部門では「乱」となった。

　シンガポールには、2011年から、最大の華僑系新聞社聯合早報が主催し、同年を代表する漢字1文字を「新加坡年度汉字」として発表。

　マレーシアには、2011年から、マレーシアの華僑系住民の団体であるマレーシア中華大会堂総会、マレーシア漢文化センター、マレーシア中国語新聞編集者協会等が共催し、同年を代表する漢字1文字を「马来西亚年度汉字」として発表した。

附录一　课文译文

第一课

（一）水资源不足

为什么地球上会出现水资源不足的现象呢？其最大的原因是人口的增加而导致的水需求量增大。据联合国的调查资料显示，1995年世界的水使用量是3兆5720亿立方米，设想拥有83亿人口的2025年，水使用量将增加到1.4倍，为4兆9130亿立方米。因此全世界处于水资源不足状态的人口比例将从1995年的1/3增加到2025年的2/3。

人口如果增加，食品和工业产品的生产也会扩大，农业用水和工业用水的需求也会增加。另一方面，大部分水源为河川，并且存在的水量是一定的，不会增多。因此，如果用水需求增加，人们不断使用，那么显而易见，不久的将来水就会不足。并且，因为工业排水和生活排水的处理不充分，水质不断被污染，可使用的淡水会持续变少。

以没有大川大河、降水量稀少的干燥地带的发展中国家为中心，现在水资源日益匮乏，亚洲、非洲等31个国家正苦恼于绝对的水资源不足。其结果为12亿人不能确保安全的饮用水，每年500万～1000万人因为水的问题而死亡。WHO报道称，在这种发展中国家和地区，排水处理的设备也跟不上，所以80%的疾病是因为水污染，由此每8秒就会死亡1个孩子。

有幸在我们居住的日本，水并不是那么缺乏，但是我们就可以悠闲自得地说这是别的国家的事吗？世界的水资源不足会给日本造成什么样的影响？通常认为我国在全世界来说也是降水量较多、水资源丰富的，但是很少有人知道大量水是从国外进口的。日本是农作物、木材和工业产品等大量用水生产的产品的进口国，农产品中，豆类、小麦有90%，纤维品总需求量的60%都依赖进口。另外，日本的木材进口量世界第一，占全世界的25%。日本像这样从全世界进口各种产品，可以说是通过产品进口全世界的水。其数量仅就进口农作物而言，其生产所需用水量为每年约50亿立方米。这相当于约4000万人的生活用水量。日本经济就是依据这种看不见的水的进口得以成立的。

如今，邻国中国也为水资源不足而犯愁，1997年黄河的上流水没有到达大海的天数达到历史最高纪录的226天。由于水资源如此不足，中国的谷物生产从1999年起3年间竟减少了500万吨。我国从中国进口大量的食品、衣料、工业产品，如果因为水资源不足而不能进口物品的话，将在经济上带来极大打击。所以，其他国家的水资源不足，对于我们的生活和经济来说是绝对不是不相干的。

（二）味觉

以一所营养师培训学校的学生为对象进行的调查结果显示，在品尝相同食物的时候，二年级学生比一年级学生觉得口味重的比例大。也许是因为随着不断学习营养学，越来越意识到用盐量的问题。

味觉容易受到生活习惯的影响。如果在家里吃的是口味重的食物，那么会觉得口味淡的食物不好吃。辛辣受热捧的时候，可能日本人对味道识别的感觉变得迟钝了。希望我们能为了健康尽可能地习惯淡味，从而使味觉敏锐起来。所以，培养品味食物的饮食习惯也是一件十分重要的事吧。

（三）奶爸

"奶爸"在不断增加。所谓"奶爸"是指积极参与育儿的父亲。近来，也有很多父亲参加学校的开学典礼和开放日活动，甚至还出现了"专业主夫"。但是，休过育儿假的男性比例只有1.23%，与欧美相比非常低。据统计，男性对育儿的参与度越高，孩子的出生率也会相应提高。为儿童数量减少而烦恼的政府修订了"育儿看护体业法"法律，以促进男性参与育儿。早前男性就可以休育儿假，通过修订这一法律，男性休育儿假也变得更容易了。但实际上，若是得不到上司与同事的理解，哪怕是一天的假也没法请到。不改变职场环境的话，这一法律终究还是画饼充饥。

第二课

（一）信息的选择性接触

现代社会被称为信息社会，出现了信息泛滥的状况。但是我们并不能全盘接收并消化这些信息。我们接受到的信息只是其中的一小部分，大部分的信息都流失浪费掉了。

这样一来，就意味着我们要在信息的洪水中做出某种选择，只能接受其中某一部分的信息。那么这种信息的选择又是怎样进行的呢？在这里能作为参考的是被称为社会心理学上的选择性接触。

选择性接触就是一种倾向，即只选择与自己情况相符或者至少是不与自己的情

况相悖的信息，我们接触它并且接受它。至于为什么会这样，是因为接触与我们的想法或立场相矛盾的信息会给我们带来心理上的不愉快。

比如，喜欢抽烟的人很难接受"吸烟会得肺癌"这个信息。既想要吸烟，又不想因为肺癌而死。这是一种矛盾心理，会引起纠葛。想方设法让这种心理纠葛消失的心情就会开始行动，于是给自己找各种各样的理由。首先，否定信息的可靠性，会说"吸烟会得肺癌"这一说法还没有被完全证实。这样做，即使继续抽烟，也不会因心理纠葛而烦恼。

其二，给自己找借口说戒了烟身体会长胖，同样对健康不好。反正都是半斤八两，还不如继续吸烟。其三，去找一些和吸烟只有一点点关系的信息，企图去中和吸烟的危害，比如和与吸烟患肺癌而死的人数相比，因交通事故而死的人数不是更多吗？另外还下工夫去找许多借口性的理论，但不管怎样，这些都是因无法忍受心理上的纠葛、想逃避而做出的努力。

（二）宇宙基地的农作物栽培

美国国家航天航空局公布将在宇宙基地建立农作物培养地，且红薯最有可能成为重点培养对象。红薯得到如此青睐的原因是因为它作为水培作物可以在短时间内培育结束，并且本身能很好地平衡营养。最近，在无重力情况下如何培育红薯成为了实验的重点。

（三）电力公司的广告

下文是某电力公司广告的一部分：

我们在努力控制用电高峰的增长，同时也是着眼于未来的电力保证。敬请大家给予合作。

电不能储存，所以必须参照一年中用电量最大的盛夏时的峰值，来制造设备。但是建一个发电站需要 10 年乃至 20 年的时间，也就是说现在大家所用的电，是 10～20 年前的设备所发的电。

（一）打盹

"打盹"对身体有好处吗？

有人说有，也有人说没有。不能简单地下结论。本来午睡是幼儿期每天的习惯，但是到了学龄期，就不被允许了。

这是因为学校和社会有固定时间，禁止午睡。很多文明国家的主导想法是，在

自己家午睡还说过得去，在学校和工作场所的午睡或打盹儿，都被看作是恶习。而在公共场合，似乎只允许在车上、公园里或者电影院之类的地方稍微小憩一下。

按照时间来看，人的睡意在夜间会增强，不仅如此，正午过后也会出现一个小高峰。是否把这个小高峰只看成是精神放松，或者社会能否容许人休息，决定了是否把午睡添加进成人的睡眠模式里。人的睡眠，比起生理需求，会优先考虑文化方面的约束力。

但是，另一方面，在很多文明国家，强忍午后的困意去工作，不仅工作效率低下、而且判断失误和交通事故也多发于这一时间段。

当然，众所周知，在夜间的主要睡眠期勉强工作会导致更严重的问题。这些现象大概就是我们轻视自然规律的结果吧。

因此，比起勉强继续工作，稍微午睡一会儿让大脑休息一下更为合理。但是要注意不要打乱生物钟，也不要对夜晚的睡眠产生很大的影响，午睡不宜睡太久。

（二）外出旅游的理由

外出旅游的理由有很多，但最快乐的是旅途中的解脱感吧。产生这种感觉是因为意识不到自己的这种心理。也就是说，即使出了丑、失败或做了难堪的事，过后也不会有什么麻烦。

可以说，旅途中的自己不是家里或工作中的自己，而是不知身份来路的一位匿名者。

就这样，我们把这种忘却审视自我、不在乎别人的批评、不因为难堪或罪过而约束自己、采取与平时不同行为的现象，称为无个性现象。当自己身处于众多的陌生人或群众当中，没有人知道自己是谁时，这种无个性化就会表现出来。

（三）孩子的房间

一人一室的儿童房已经十分普遍，然而对于孩子而言这是最好的选择吗？在学习中如果想立即睡觉的时候，总是不能够抵挡床的诱惑。决心休息的时候，又会在意书桌而无法好好休息。这是经常发生的事情。对于父母来说，尽管知道孩子进了房间不一定会好好学习，然而也不能一直监视着孩子。为此而烦恼也是常有的事。不采用一人一室，而是将书房、寝室分开也是一种可行的方案。不要理所当然地接受普通房屋设计，应该好好考虑孩子的生活方式之后再设计儿童房。

（一）饮食礼仪

去拜访的客人本打算坐坐就走，有时候客人家会邀请你"一定吃了饭再走"。

这时候，你不必太客气，接受款待为好。可是，在用餐的时候必须注意一些事项。首先要坐直，以优雅的姿势用餐。吃日本料理的时候，因为大部分时间在铺草席的和式房间里坐着吃，所以姿势尤其引人注目。把胳膊肘支在桌上吃饭不太好。

其次，在日本大多使用筷子吃饭，所以正确使用筷子是用餐的基本礼节。首先，用右手取到筷子后放在左手上，再换到右手后使用。筷子放下的时候，将筷头朝左放。用方便筷的时候，要从袋中取出掰开使用。还有各种各样不可取的使用方法。譬如说，不能用同一只手同时拿筷子和碗；用筷子移动盘子，从一双筷子向另一双筷子递食物也不好。还有，想着"吃哪个好呢"，用筷子不停地翻动菜，或从一盘菜中只挑自己喜爱吃的等等，这些都不好。另外，用筷子扎取食物也不好。

还有，不能将脸贴近桌上的餐具。吃饭和喝酱汤时通常是端起饭碗或汤碗。在日本吃大碗面条或荞麦面可以发出声音，但吃别的东西还是以不发出声音为好。另外，当你嘴里有食物的时候不要说话，把嘴里的东西全部吃完，将筷子、碗放在桌上后再说。有不喜欢的食物或饮品时，可以说理由，"对不起，我不太喜欢这个"，不必勉强吃。想吸烟的时候，就问"可以吸烟吗？"，待得到肯定回答之后再吸，但吃饭时还是不吸为好。当然打招呼也很重要，吃饭之前要说"我吃了"，吃完之后要说"谢谢款待"。

接受款待以后，不宜马上回去，一般来说吃完饭后闲谈二、三十分钟，然后再看时机告辞。

（二）买药

头痛或咳嗽、感到有点感冒的时候，在药店买感冒药的人有很多，然而特意跑去医院的人却很少。但是，这种情况下去医院更划算。我这么说是因为药店买的药需要付消费税，而在医院拿药不用付消费税，而且因为有保险所以自己支付的部分很少。并且对于药品而言，很多医疗用药所含的有效成分比在药店买的药品高数倍，因此更加有效。但就我而言，一到医院遇到的就是那种（长时间等待的）情况。一想到要长时间的等待，去药店买药的次数就多了起来。

（三）手术事故

N医院又发生了一起手术事故。听说是因为护士拿错了病人的诊疗簿错，误导了医生。该医院的医疗设备是一流的，特别是在心脏外科领域有着很高的评价。但类似这样的手术事故却接连不断地发生。虽然人手不足也是原因之一，但还是希望能尽早改善，避免类似事件的再次发生。

三年前，我祖母也因为医院的检查结果失误而去世了。当时的医生一个劲地狡辩说"我们已经向病人本人解释说明过了"，不愿意承认是自己的失误。

医生们都在以居高临下的态度来对待病人的吗？如果这是事实的话，那么真是让人感到遗憾了。

第五课

（一）日本人的劳动时间

经常听人说日本人没有个性，但是当今世界，关于一周内或一年内工作多长时间这个常识，我总觉得有违和感。

我每年都会和残疾人一起去以色列和意大利等地朝拜，前年去了西奈山。其中有六个盲人，在志愿者的帮助下爬上了山顶。

平时只能步行几十步的坐在轮椅上的人却一点点步行在上山的路上。对残疾人来说，山顶绝对不是现实的山顶。如果平时只能步行百步的残疾人，通过努力，当天步行两百步山路而筋疲力尽的话，那正是他的荣耀之顶。

我想对于一周应该工作多长时间，每个人都有自己合适的时间。假设劳动时间大家都必须一样，这种假设只有作为不是针对专业工作而是针对不熟练的劳动的基准时才有效。不熟练的工作者，为了尽可能提高单位时间的劳动薪水，当然会为之相应缩短劳动时间。

但是从事所谓专业工作的人，几乎不考虑劳动报酬中每小时的金额等问题。

我是写小说的，这项工作也属于专业工作，因此一个作品需要多少小时是不确定的。一篇短篇小说有时候只需要写二三个小时，有时候需要收集10年、20年的资料才能完成。一个作品花费多少小时、劳动力、调查费，需要每昼夜工作多长时间，都是不确定的。

在日本社会中，因为职场上的同事之间是相互牵制的，所以的确有很多人可以请假却不能请假。小公司的老板一恳请，也有职员不得不情愿地加班。因为如果不这样，显而易见公司就会倒闭而失业。其结果就是"过劳死"等现象时有发生。

但是，日本人中确实也有很多人把工作当兴趣的。甚至在被称为"蓝领"的人中，考虑如何提高工作效率的人也多得是。成为兴趣的东西碰巧就是公司的工作，所以一到下班时间必须回家这件事也变得奇怪起来。这是会妨碍享受专业工作的乐趣，是一种个人自由的束缚。

不过为了那些不那么想工作的人能够拥有不工作的自由，社会应该改变其体制。

（二）撑伞

在日本，下雨撑伞是理所当然的事情，但在世界上有的国家却不是这样的。某

些国家会下比如像热带那种大暴雨等短时间内的强降雨，这样的雨实在是强度过大，打着伞也没有意义，找个地方避雨、等待着雨停更为实际。而在微雨淅淅沥沥又长时间持续下的国家，特意撑伞的也没有，穿着大衣戴着帽子也就足够了。当然，日本也下这样的雨，不过是在长时间的微雨中有时会有大雨，而雨不大即使没有带伞或者相当大的雨已经下了一个小时以上的话，那么不去避雨也是可以的。我在年轻时首次去海外的时候，看到有很多人在雨中没有撑伞泰然自若地行走着，这让我感到很吃惊。不过，现在雨伞渐渐越来越多地成为了时尚的一部分，不再仅仅是挡雨的工具。

（三）农村男性的苦恼

在日本，和农村男人结婚并一起从事农业工作的女性每年都在减少。农村男性因为没有结婚对象而犯愁。于是，秋田县5个务农青年在东京青山路、涉谷站前、代代木公园、原宿等地进行了游行。青年们一身农民装扮，乘着拖拉机，举着旗列队游行。旗上写着"诚心诚意地来当秋田的新娘吧""今天下午3点，日本青年馆见"等标语。

他们打算若有女性看到游行愿意面谈的话，下午就在青年馆集体相亲，然后在原宿约会，晚上再举行晚会庆祝，但现在还不知有多少女性愿意前往。

（一）空间和时间论

在与相关人员商谈的时候，有必要在同一空间来考虑问题。一般情况下人都是只站在自己的利益上来考虑问题的，对方也是站在自己的利益上来考虑的，这就叫不在同一空间上。如果不在同一空间上，就很难得到相同的回答。因此，为了交涉达到一致，双方都有必要处在同一空间上来考虑问题。即使是日美关系上，如果不是以把日本和美国全部融入进去的空间为前提来考虑，很难得出共同的结果。让处理对象处于同一空间，这一程序是非常重要的。

比如，在处理公害问题上，企业考虑的空间和当地居民考虑的空间是有所不同的，因此彼此行为也不同。如果能把这两者放进一个相同的空间内相互商谈的话，那么答案也会在某种程度上比以前更加接近的。

就像叙述空间大小一样，其思考方法实际上在时间方面也必须是一样的。随着人类处理问题能力的增强，有必要延长时间来考虑。以前，当连今晚吃的饭是否满足都不确定时，是怎么也考虑不到一年后的事情的。现在即便暂时吃亏也总要想方

设法未雨绸缪。如果这样做，就必须以长期的利益为目标，如果不这样做，就会和对方之间产生摩擦。必须延长根据能力来考虑利益这一时间的幅度，从关注短期利益变为考虑长期利益。

（中略）

并且和空间的情况一样，合并时间的方法是必要的。比如，自然是在非常长的时间刻度上运作的，技术是在短时间内运作的。长期以来人们都认为把这一时间变短的就是技术发展本身。缩短反应时间来提高生产量或提高速度来早点实现目标，这些都是技术发展。因此，换言之，所谓技术进步就是指缩短时间。虽然通过技术可以缩短时间，但是技术也依赖自然，所以不能无视自然的时间。依赖自然就必须要尊重自然的时间。

这样一来，在技术和自然的关系上，必须要合并时间。并且在自然不能处理的方面，技术必须做到帮助自然赶上时间。和合并空间的大小一样，合并这种时间的程序是必要的。在排出的废气和工厂废水有可能超出自然的处理能力、净化能力的情况下，按照自然净化能力可承受范围内的标准，在工厂内将污水处理后排出，是为了合并时间的必要的措施。

（二）习惯的力量

我想在国外长期生活的人大多有过这样的体验：从小养成的习惯是根深蒂固，难以改变的。即使在国外生活了很久，似乎已习惯了以面包为主的外国食品的日本人，生病或心情不好时，还是想吃米饭。可是与之相反，在战时、战后大米匮乏的时代，靠啃面包长大的现在的年轻一代，更容易接受以面包为主的食品。由此可见，人们是以长期形成的饮食文化为条件来接受食物的，想要改变饮食习惯是非常困难的。

（三）奢侈的日本青年

美国青年花在服装上的钱没有日本青年多，也不太进豪华的西餐馆，这是因为他们有强烈的社会意识认为18岁以后就应该独立生活了，经济拮据。美国房租也很贵，因此独立生活的美国青年都很现实地安排自己的生活，奢侈只属于中年以上的男女，或者律师和商校出身的顾问等高收入职业人群。

（中略）

与此相反，日本大学生或公司职员，都依靠父母，他们自己打工赚的钱或工资都由自己自由支配。当然这种奢侈生活是有期限的。总有一天女人会和代替父母来养家的男人结婚，男人会和要照料自己日常生活的女人结婚，总之不能说他们是完全独立的。

 第七课

（一）人类和文化的关系

我最近经常想，21世纪都已临近，文化开始让人变得痛苦起来，不是吗？

文化让人痛苦，听起来或许给人以唐突之感，不过我这十多年来生活在世界各地，遇见种种文化现象，经历过由文化产生的困难状况之后，目前再在现实中去看世界的动态，就会意识到，文化恐怕在人类史上第一次起到了否定的作用，至少是到了我们这样看待文化的时期。

"从森林到热带大草原"，人类是在这种残酷的自然环境中极少靠本能来保护自己的动物，所以，显而易见他们把文化发展成了第二本能。世界各地自成体系的文化，实际上也正是人类为了拼命谋生而获得的极大恩惠。所以，去否定文化云云，简直是荒谬至极，是忘恩负义之举，会遭到天谴的。我们当然不能轻易地去否定文化。从语言、食物到技术，如果没有文化，人类一天都不能生存。文化是人类自我认同的核心。

同时，现代世界的难题多是发自于文化本身的性质，这也是个不争的事实。在这个信息全球化、或叫作国际化的时代，给人类之间制造极大交流障碍的也是文化。现代的战争、纠纷、摩擦，其大部分原因都可以说是由"文化"带来的。政治、经济等主要原因可以通过交涉、劝说、妥协以及计算等在某种程度上来解决。本质上都是利益分配是否合理的问题。

但是，像巴勒斯坦问题和黎巴嫩局势、北爱尔兰和巴斯克、诺曼底和乌克兰、旁遮普和斯里兰卡等问题，都是不容易解决的，甚至在没完没了地持续下去。政治、经济以及历史上的难题是这些纠纷的根源，这虽然是事实，但是之所以难以解决，还是因为存在难以理解的民族、语言、宗教等文化上的要因。

在东南亚和南亚由文化引起的纠纷已经迫在眉睫，这致使我开始思考"文化的否定性"等问题。越南战争至少还具有意识形态上的战争性质，不过之后的局部战争都有着浓重的民族战争的色彩，陷入了无法解决的沼泽。这十年来这种形势特别转向了斯里兰卡，当人们一提到锡兰族对泰米尔族的抗争，就会越发让人强烈感到，文化真是个难对付的角色，有时候我会情不自禁地想，背负文化枷锁是痛苦的，逃脱文化枷锁是会轻松的吧。

虽说如此，事实却是自己拥有文化（日本文化）毕竟会带来极大的安心感，身处异国就会深感其幸福所在。越是生活在异国文化中，就愈发感到拥有日本文化的

幸福感，但同时令人疲倦，像背负着沉重的包袱一样。在信息化和国际化的时代，对待自我文化的这种矛盾心理，一般而言今后定会成为一个大问题。我们必须为没有彻底理解异文化，为囚困在自我文化的疲倦而感到着急，并且必须把自我文化作为自我认同的根据。我们越来越强烈地感觉到，今后让不同文化背景下的人们之间得以交流是多么困难。

（二）机械文明和人类智能

尽管如此，我们仍然可以说，就像动力机械出现导致"劳动的神圣性"黯然失色一样，"人类智能的尊严"也会因电子计算机的出现而被彻底动摇吗？这个意见发表得好像有点早。我之所以这样说是因为人类虽然看上去比不上电子计算机，但那是基于计算能力或检索信息能力这种衡量标准而进行比较的结果。如果用另一种不同的标准来衡量的话，在很多方面人类会胜过机械。并且，现如今在图形认知、数字定理证明、语言翻译等方面，人类的能力要远远优于电子计算机。

（三）人类活动

在人类社会中，从第二次世界大战开始，科学技术显著进步，生产规模变得巨大，世界人口急速增加。这一现实对于人类繁荣来说是可喜的。但另一方面，各种公害大幅上升，还有，地球对于人类社会来说变得狭窄了。人类大规模地改变着自然界，这恐怕会反馈给人类社会本身。因此，我觉得迄今为止人类的生存方式与从今以后我们的生活方式有必要加大调整方针。

第八课

（一）"语言"的功能

1. 通常认为"语言"是"传达"和"思考"的手段。关于这种"传达"的作用，大家都很容易理解。但是作为"思考"手段的"语言"，正因为我们在日常的生活中无意识地熟练使用，反而很难真真切切地感受到它的作用。但是小孩自生下来渐渐学会了语言，随着词汇量的增加，对事物认知和思考的能力越来越发达，从这一点来看待它的作用也就容易理解了吧。

2. 在我们的思考能力中，有比如舍弃各自事物的特性、归纳总结出共通面和性质的"抽象思维能力"。用数量来说，3把椅子、3本书，从同样都是"3"这个数字来思考就是抽象的。另外，同辈的两个人A、B交往非常亲密，C、D交往也同样亲密的时候，虽然A、B和C、D亲密的实质和交往的方式都应该不同，但是这些同辈人间的情感都可以用"友情"这个词汇来表达，这也是抽象的思考方法。像

这样，我们可以用"语言"来抽象地说出各种事物的性质。

3. 另外，我们有一套思考方法：就是通过调查很多具体的事物发现它们之间的关系，通过通用的法则说明各个具体事物的性质。这套思考方法在我们基于事物自身而有条理地思考事物的情况下发挥着最主要的作用。并且，这些都是在以"语言"为媒介的基础上得以成行的。

4. 在我们学习的时候，情形是怎么样的呢？其实，学习的内容全部都是通过"语言"（包括文字、记号和符号等）来思考才得以完成的。因此，"不懂学习"是个在用"语言"进行思考的思路问题，是在"语言"方面存在很多阻碍而已。比如不懂词汇的意思和文字的读音。

5. 不过，我们的"语言"是由区分人类、社会、自然等成千上万个事物而指示的词汇和正确表达的词汇组成的。另外，把词汇通过各自语言的"语法"规则组合，就可以表达人类复杂的思考内容了。

6. 因此，我们为了要消除用"语言"思考的障碍，单个的词汇就不用说了，还要正确理解不同词汇组合到一起的内容的含义，并把它们变成自己的东西，这是很重要的。这样的话，我们就可以更加深入地思考，通过学习"语言"的使用方法能够让我们内心更加丰富。

（二）识别人的声音

近来流行一种程序，能够识别人的声音、读取写出的文字，而且时常被冠以类似这样的说明："这种程序无论什么人的声音都能识别。"但是，我们恐怕不能完全相信。"无论什么人的声音"这种说法，多半指的是男性成人的声音几乎都能识别，而说到女子的声音、老人沙哑的声音及小孩的声音，有时就不能很好地识别了。

（三）无论吃多少都是400日元

"无论吃多少都是400日元"，男子看了一眼拉面馆的立式招牌，马上进了店。男子年轻体格魁梧，是个十足的吃货。

很轻松地吃了一碗，接着吃第二碗。

"客官，请尽情地吃。"

一会儿是第三碗。这也小菜一碟。

"请不要客气，可以再多吃点儿。"

"话虽如此，但是这样一来你们就划不来了。"

男子开始吃第四碗，但是没有完全吃完。

"已经饱了。就吃4碗吧，结账！"

"1600日元。"

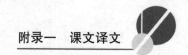

"咦？不是400日元吗？"

自己心想"奇怪啊"，看了招牌，原来搞错了，是"无论吃多少都是一碗400日元。"

（一）语言的忠实性

从1980年代被认为是"女性的时代"之后，已经过去20年了。确实从表面来看，女性可能变得更自由、更强了。但是即使如此，在多数情况下，说的更多的难道不只是在女人的一生中年轻的时候吗？在年轻的时候被周围捧着、自由地享受工作和游玩的女性，到了结婚生子的时候，出于公司的习惯和周围人的希望等而辞去工作，在家专心致志料理家务，这种情况很多。并且包括结婚后继续工作的女性，已婚女性为使其最优先成为基于男性中心价值观的"贤妻良母"，在私下里被社会、被周围人所期待着。并且，作为个人的选择，社会却随意地认定过了"适龄期"也没结婚的女人为"老处女""老姑娘"等，虽然叫法根据时代而改变，但是其中却包含着相同的否定意味。

在这样的社会环境中，这种价值观已经被嵌入到语言中，已婚女人对于作为配偶的丈夫毫不反抗，或从一般的称呼变成"主人"。还有包括"在外边工作"的女性，对丈夫称呼自己为"家内"也没什么反抗，因为是作为单纯的"符号"的言辞，所以太过头了。另外，在家庭中，女性不被叫名字而被叫"喂"时，也要回答"是"。有"坏老婆"一词，却没有"恶丈夫"一词。"坏老婆"一词是谦虚的女人自称为"坏老婆"并不断强化反省的心情。与此相对的是，自称为"恶丈夫"并且反思自己的男性又有多少呢？这个事与到现在为止的社会气氛下没产生"恶丈夫"一词的事并非无关。也就是说相当于没有这个词语的概念，在思想上意识到这一点存在着阻碍。

另外，到现在为止女人都是在无意识中习惯遵守那些"规范"的遣词用句，像对谁强烈要求做什么的时候，即使说"收拾下！"和"停止！"也不是使用命令式，而是使用温柔的委托式。语言的形式对女人而言，没有作为一般人的"命令"的立场，而是使用"拜托了"之类的话，这如实地反映出了近现代以男性为中心的价值观。另外像男性用语，"喂，啤酒喝吗？"可以使用普通体，但女性用语中，"你喝啤酒吗"必须使用敬体。如果对于所说的事对方回答"需要"的话，作为在某种意义上具有较强"质问"行为的情形下，女人比男人更普遍地使用"敬体"的形式。

就这样，"女性用语"和"女性的表达方式"中全部被嵌入了以前对男女角色定位的固定观念和社会强加给女性的温柔、礼貌之类的东西。尽管如此，大部分人

能了解这些词本来的意思都不容易，更不用说去考虑语法形式的功能了。并且，关系到很多女性的被嵌入前近代价值观的言辞，也没有经过深思熟虑，反而劝说自己接受或者只是作为单纯的语言符号使用着。但是，语言这个东西是超出我们的认知的，受到我们自己的思维和行为的影响从而被不停地塑造着。语言绝对不是"单纯的符号"。

我们必须使用与自己的生活方式相符的语言。如若不然，最终语言还是会变得忠实于生活方式。

（二）文字的力量

作为语言形态的文字中包含着含义和印象。但是读报纸的我们只是读取文字的含义，很少在意文字的印象。不过应该注意到这一点："地震"这个本文用的不起眼的文字，被扩大后变成标题"地震！"并添加感叹符号所形成的印象也和含义一并进入了读者的视野。

（三）语言和思想

蒙田这样说过：这个世界上有在心里左思右想却不知怎么说出口的人。那个人虽然看起来是在考虑非常好的事，但是不能用语言表达出来，就等于心里没有任何东西。如果有思想，语言就能接连不断地跟着出来了。

事实上，有时只有表达成语言，才能明白自己的想法毫无意义，只是一时间自我感觉良好罢了。后世的哲学家们也全都阐明了这个意思。

所谓思考，就是用语言和文字思考，成为语言的东西才是思想。

（一）理性生活

最近流行理性生活。上班的人也在看相当难的书。衣食足而知礼节。我不知道现在是否丰衣足食，但是读富有知识性书的人增加了，这是生活富裕的象征，是件好事。但也有不好的一面。伟人写的文章就像商量好的似的非常难懂。如果只读一遍的话根本就不知其所云。

有时我心里暗想这其实是篇晦涩难懂的文章啊，可又不敢直说，担心被人笑话连这样的内容都看不懂。我想方设法试着读懂它，可总也弄不明白。说不定是自己笨吧，这种事如果被人察觉就糟了。我干脆对人这样说："田中科长写得真不错啊。"因为我没具体说明它究竟好在哪儿，所以这种陈述很安全。对方也心领神会地附和到"是的，很好啊。"

这样的事一而再再而三地发生后，我们就会渐渐对难懂的文章感觉迟钝。没有比习惯更可怕的东西。文章还是简单的好。如果说"像铃木氏那样说些莫名其妙的东西就麻烦了"。这样一来，就会有人怒气冲冲，他们会主动为人辩护："有些事情不用那种文章就说不清楚。什么都简单啊简单的想法就是把读者当成傻瓜。"

我们将这种情况称为末世，现今社会就是这样一个世界。

伟人写的文章总是缺点热情，不必要的汉字到处都是，最没人情味的是，看一遍还理解不了，就像外语一样，同一个地方不得不看上好几遍。似乎一读出声来就会咬到舌头。

若是经文里的句子读一遍不明白其所以而觉得无趣，这是理所当然的，但是普通的文章若是无趣就很无聊了，我希望写的人能多为读的人考虑考虑。

（二）学习能力

我虽然考上了东大，单就学习能力而言，我的儿子虽然才初中二年级，但是已具备了考取当时东大的学习能力。因此，我也无法再给出什么好的建议。所以，我不假思索地说：你考到哪里都可以，爸爸不会生气的，总觉得不上大学也可以。因为我曾经也是过来人，所以才可以这样说。我想如果这样的父亲变多的话，得神经衰弱的人就会减少些吧。很抱歉一厢情愿地拿自己的事来说了，但我是这样认为的。

（三）父亲

我所认识的一个寿司店的年轻老板，至今依然尊敬着他已去世的父亲。死去的亲人很多情况下往往会被人们美化，这是很正常的。所以我问他对父亲的追忆是不是也是这样，但是过了不久我的想法发生了改变。

从高中毕业的时候，他就已经开始学习怎样经营寿司店，他的父亲严厉地批评他，嫌他做饭的水平太差，不管怎么说能力上与父亲有差距，就不能抱怨什么。但是有一天儿子实在不能忍受了，问父亲："为什么对自己的孩子如此苛刻。"父亲回答他说："因为你是我的儿子所以我才对你这么严格。"

 第十一课

（一）日本茶的存在感

这个故事取材于过去政治家的选举事务所。在选举运动中，包括支持者、街头巷尾的人们以及采访的记者，各种各样的客人都会拜访事务所。那个时候，如果招待客人喝一杯咖啡或者红茶，就违反了《选举法》。但是如果是日本茶就不违法，拿当事人的话来说，"也就是一般说来，人们都有日本茶不花钱这样的观念，所以

不会和贿赂联系上。"

事实上日本茶也和红茶、咖啡一样是需要花费相应的成本的。

因为已经经历了数十年的岁月了，所以人们也不知道从那以后日本茶是如何发展的，反正问起这个话题的时候，大家总会深深同情日本茶的生存窘境。不光是我，很多日本人都确信日本茶受到了不公平的待遇。

这种观点总让人觉得日本茶与丈夫眼里的妻子很相似。

不管妻子多么拼命地在家里来回奔波、打理家务，洗大堆的衣服，烧好吃的饭菜，丈夫都会认为那是理所当然的，甚至连表扬一下或支付一点报酬的想法也很少有。丈夫大概认为既然养活了妻子，她做这些事情就是应该的吧。但是，站在主妇的立场来看，难道她就不会在内心孤寂地想：虽说这是每天要做的事，就不可以稍微表示一下感谢吗？

感觉日本茶在这些方面还是和主妇稍有相似之处。

在饮食店，日本茶被看作是代替寒暄的服务品，而不是特意看了菜单才选择的饮料。

（二）再会

接到来自年轻时共同谈论过文学的男友的电话，他说想见个面。我恐慌不安。毕竟超过半个世纪没有相见了。女人是容易衰老的，虽然不是初恋但还是犹豫不决。不过我还是毅然下定决心和他见面，相同的时代是如何生活的，话题肯定会很多。见面后如果被他讨厌的话就讨厌吧。于是改变初衷，决定和他在最近的车站见面。打扮得时髦些穿得薄些会感冒的，所以没有脱掉裤子，只是把夹克换成了外套。

在约好的时间我在车站的检票口等了一会。到底能不能辨认出彼此来呢？对方也一定有这样的心情吧。如果彼此认不出来怎么办呢？毫无办法，就听天由命吧，这样想着我抬头看了看时钟，这时，电车到了，乘客们一下子从车上下来了。

也许是心灵感应吧，有个人一直注视着我这边走过来，我稍稍把手举到耳旁，那个走过来的人立马做出了回应。在那个人的笑脸上浮现出半个世纪前的模样。

（三）没有变化

"太田，你还是没变啊。"

（中略）

当四年未见的编辑A君在宾馆的茶室里对我如此招呼时，我以为他指的是外表，就很自然地笑了笑。

"A君你也没变啊。"

潇洒的深灰色西服打扮，和四年前没什么两样，可是很明显有几根头发已经变

白了,我一边这样想着一边说到。

"不是,正好迟到了 15 分钟。"

A 君像淘气的少年,故意瞪大了镜片后的眼睛,这样调侃道。我尴尬地久久无法抬头。

第十二课

(一)五千日元

我离开父母开始一个人生活是在 27 岁的时候。27 岁绝对不是一个自立很早的年龄。这之前一直在父母家是因为我的父母特别是父亲认为对于女人来说结婚才是最幸福的,独自工作生活不符合常理。情况改变是因为前年年末,我只是由于不愿意,就独断地拒绝了连日期都定好的婚礼,因家中所有亲戚都被牵连而引起轰动,结果就导致和父母的关系开始恶化了。硬让结婚的父亲和硬拒绝结婚的我之间的对立,使家庭的气氛变得紧张起来。

再也不能待在家里了。这样想的好像不只是我,当我一说出要独立生活的话,父亲阴沉着脸点头同意了。母亲很果断地对我说,今后要想不结婚一个人活下去,就得找个像样的工作。不依赖父母一个人过是最好不过的。

搬家那天早晨,我却在院子里无意间听到母亲因觉得自己女儿可怜而在哭泣。这也不是不能理解的事。那时候我从事着画插图的工作,没有像样的收入。连和朋友一起喝茶的钱都付不起。过着虽然饿不着但也绝没法奢侈的生活。甚至曾经有过在超市卖点心的店铺前望着甜纳豆的袋子,想着下个月一定买的情况。

这样艰苦的生活持续着,有一天我发现在塑料米箱里用透明胶带牢牢封着的一张纸。这是母亲给我准备的米箱,搬家的时候里面装满了米交给我的。米越吃越少所剩无几的时候才露出这张纸,是母亲写的信和叠得很小的 5000 日元纸币。信上写着:如果没有买米的钱就用这个买吧。注意身体。我抑制不住泪水哭起来,一直哭个不停。那之后六年,我想这辈子就这样一直单身下去吧,但不知什么原因现在我又结婚了。说来奇怪,丈夫就是听说了母亲的信和 5000 日元的事后决定和我交往的。

父亲知道信的事之后,说"被你妈妈抢占了先机,真是太狡猾了,不过也多亏了她"。有一次,母亲问我丈夫,"那个时候给的不是 1000 日元,也不是 10000 日元,而是 5000 日元,不知道我的女儿能懂我的用意吗?"遗憾的是我不是很明白为什么是 5000 日元,或许对于还没有孩子的我而言,一生都不明白母亲当时的心情吧。

（二）如果落榜了

假如明天就是孩子入学考试成绩发布的日子，那么今天晚上肯定就是父母一生当中最心神不定、难挨难熬的一个晚上。

几十年前，我参加初中入学考试的时候，公布成绩的那个早晨，父亲这样对我说："你今天要是落榜了，我就给你买你想要的照相机。"

那语调像是突然间想起了似的，但总觉得有点不自然。真是奇怪啊，当时我想，父亲是不是觉得我要是落榜就好了？

几十年后自己的孩子参加入学考试之时，我才深切体会到了父亲当时的心情。此时才初次意识到老爸在那之前的晚上也是辗转反侧地睡不着觉啊，自己真是愚钝！当时我想，这个老爸真是做了件巧妙的事啊！对这个我不甚喜欢的老爸，怀念之情油然而生。

（中略）

如果入学考试落榜，比起父母来说，最难过的当然还是孩子本人了。倘若父母失望过度而说出刺痛孩子的话，（那孩子就太可怜了）。

我当时下决心绝不能在老爸面前服输，假如听到落榜的消息，我会立刻表情激动、大声怒吼："我不会因这点小事就灰心的！"为此，从两三天前就开始偷偷地练习了。然而，奇怪的是，在不断地反复练习当中，自己反倒镇静了下来。

（三）兴趣和人生

因为曾经碰到过有些奇特爱好的人，所以问了很多问题。当我问道"某个单调的兴趣有意思吗？"回答是"什么事情都一样，如果拼命做就会有意思"，令我受益匪浅。我想这个人是领悟了爱好的真谛。这不仅在爱好上，在工作上也是一样，最终在整个人生中也是如此吧。

（一）碰撞事故

这是发生在战后不久，我从朋友那儿听到的事。他是个开车非常慎重的男人，但是有一天，荞麦面店的一个青年突然骑着自行车从小巷飞驰出来，和他的车发生了碰撞。

幸运的是那个青年并没有受伤，自行车倒是撞得一塌糊涂。马上就有很多人围了过来，警察也来了。我朋友说："不是我的责任，是那个青年自己不小心。"警察听了这些话，说："总之你付5000日元就可以走了。"

朋友反问警察官说："请等一下。明明不是我的疏忽，为什么还要罚款……"，

警察回答说: "不, 这不是罚款, 那个青年不是很可怜吗?"。警察认为那个青年在那家店恐怕待不下去了, 因此算作给他那辆被撞得乱七八糟的自行车的补偿吧。

　　如果朝不好的方向发展的话, 这可能会引起大纠纷。朋友很友好, 也能够理解日本文化和日本人的心情, 所以没有发生更大的争论, 这并不是谁好谁坏的问题, 而是西洋和日本在对待法律和正义的态度上确实大不相同。在这个警察的想法中, 比起正义、法律等理念, 更多包含了日本的人情世故和情意。

　　这些是真实的有人情味的态度和想法, 我听了朋友的话颇为感动。不仅仅依靠道理或是理性, 而是参考事情的方方面面及各种状况, 做出更充满人情味的决定, 我觉得这才是人道。

　　习惯了西方法律观念的人, 是很难理解日本人的这种心情的, 但是正是由于这些不合理的部分, 日本才成为世界上少有的居住舒服的、人与人之间和睦相处的国家吧。这些作为日本人自身的长处, 应当更加自觉地、自豪地保持下去。

　　但同时, 这种感情是很难定义的, 也难以放到客观的法律理念中。而且如果允许这样的话, 最终会连个人的权利都无法保护了。

(二) 遗体的所有权

遗体到底是谁的呢?

　　即使是个人的, 可是实际上死了之后, 对其所有权个人是无法主张的。在法律上是怎么规定的呢? 其实我并不知道。

　　出于工作性质, 我并不清楚一年到头我所处理"东西"的所有权。虽然连自己常年接触的工作中的遗体的归属都不清楚, 居然还能天天做这份工作。这么说的话, 有可能被死者家属发脾气, 当然从常识上讲, 遗体是属于死者家属的。

(三) 食品安全

　　说到在食品不会腐坏的便利性和杀菌材料的危险性中进行选择的话, 我们希望至少吃的东西能是100%安全的。在医生和生物学专家们指出AF2 (杀菌材料) 具有强烈的毒性时, 就立刻停止它的使用直到能100%保证安全为止, 这难道不是厚生省应该具有的行政指导吗? "有疑则不罚"是针对人类的法律, 与食品相关的话, 可疑点不是应该被立刻叫停吗?

(一) 日本的英语教育

日本气候的特征是四季分明。这么说的话, 好像会受到外国人的非难, 即便是

其他国家也是四季分明,并不是只有日本是特别、不同一般的呀。

也许确实是这样。但是这就是日本和外国相比的时候必定会使用的措词。或者也可以说在日本的英语教育中,已经成为常识性的表现。所以,日本的学生向外国人说明日本的时候,一定会在哪里说到这类措词。当然,并不是真的想把日本的气候当作炫耀的资本。可是,一到"向外国宣传日本"时,便会条件反射般地脱口而出。

那种固定的套话,外国人当然不想听了。他们想听的是例如日本的文化,日本人对于国际问题的见解,总之需要从心底涌上来最真实的声音。然而,日本的英语口语教育比较薄弱。使用英语的人在增加,但是能够用英语来沟通的人却很少。

出现这种现状的背景是很多日本人并不了解日本的本土文化。没有内容可说,当然不可能说得出来。好像总觉得英语教育似乎没有任何问题。

信息在世界各地飞速传递,地球另一侧的国家发生的事情仿佛邻居家的事情一样被报道,在这样一个时代尤其是要有坦诚的、敢讲真心话的勇气和能力。首先明确要有能够说的内容。此外,所谓为了地球上国与国之间和睦相处的英语是什么,重新审视日本的英语教育甚至日本人的英语观的时候到了。

(二)复习

在这之前,说学外语的时候不能翻译,指的是和对方进行会话的时候。对话的时候虽然头脑中不能翻译,但是读书的时候遇到不能理解的单词就有必要去查找弄清。看书的时候应该查字典。在对全文的意思有一定程度的理解之后,人就会图轻松不想去查不知道的单词的意思。然后这个单词出现4到5次之后,就会觉得特别在意然后再去查。但是这已经是很大的损失了。为什么呢?一开始就查清的话,出现第2次,第3、第4、第5次就都能不断复习,最后记住这个单词。等到第5次才去查的话,就等于失去了4次复习的机会了。

(三)电视也是对孩子的教育

在过去的电视访谈节目中,我们听到这样的问题:"孩子家长批评说,电视普及了,孩子无法学习了。总经理,您是怎么看的?"于是我回答:"孩子的教育不仅仅限于学校。电视播放许许多多社会情况,在多方面地了解大家的想法上起着相当大的作用。希望不要将学习局限在小小的框架里。"

所说的孩子们的个性和能力指的是他们在生活当中生龙活虎的表现。

(一)饥饿感

对于物质的渴望,可以说是给人们设下的恶意的陷阱。既然人类的欲望是无止

境的，那么今后，无论物质怎么丰富，人们也不会感到完全满足。对此我们虽然非常清楚，但也停止不了为了一点点积累财富而辛苦工作。现代人比古代人对于是否感到满足更存在疑惑，可有史以来，我们的文化确实是一直被永恒的饥饿感所煽动着。然而，作为七十年代的问题，我们所直面的饥饿感与表示本质的饥饿感还是有差别的，那就是因为物质突然变得丰富而引起的饥饿感。

虽然在政治中也存在许多讨论，但战后的日本已经变得相对富裕，这是毫无疑问的事实。尽管如此，如今的日本人却表现出一副前所未有的充满欲望的面孔，是为什么呢？我认为是在战后荒废期一度放弃对物质的追求的日本人，意识到可以变得富裕，突然间对于物质的欲望都喷涌而出。就算是这样，我们的胃稍微健康点，也要好好品尝已到手的财富。对于物品一次性用完即弃，却让人完全不觉得曾细细品味过。举例来说，现代的日本人就像患上某种疾病，被虽然饥饿却没有食欲的不可思议的饥饿感所深深折磨。虽然有着各种各样的理由，但最大的问题应该是：我们虽然在使用东西，但我们却不曾拥有它们。"拥有"本就是件麻烦的事情，拥有者为了不让拥有的东西的价值减少，需精心维护，小心保管，努力让其价值不断增加。换句话说，"拥有"本身就是与事物的自然衰败不断斗争的过程，是极富创造性的、能动的行为。与此相对，"使用"就是与外在相反的极其被动的行为。人们只不过是利用他人赋予物品中的价值而已，无非是任由物质衰亡。被省却的麻烦，也就是所拥有物本身的能动性。

今天，物品只不过在生活中一逝而过，并没有真正地属于我们。看着日渐脏旧的家具和衣服，人们只是想着还没有买的更好的家具和衣服。手中已有的物品已经在衰亡，如果内心只是想着还没有买的东西的话，现代人感觉不到自我的富有也是理所当然的事情吧。

（二）说谎

"说谎"从心理上说，是人们心里想着一件事，表面上又做其他事的一种现象。

孩子的谎言与他们知道"内在与表面"、内心世界与外在表现的区别有密切关系。如果丧失了说谎能力，就可以说他们分不清"内在与表面"的不同。

当然有说谎能力并不意味着就会说谎。可是，对孩子来说，说谎的能力一定是伴随着至少几回或几十回实际的说谎体验而培养起来的。而且通过这种说谎体验，内心心理世界和外部世界就逐渐统一于孩子身上。

在日本，首当其冲的是大家都要先表现出客客气气的样子和态度。父母被邀请带孩子去做客时，就会告诫孩子"要老实点"啦，"不要乱说话"啦等等。这对孩子来说就成了识别"内心心理世界和外部世界"不同的开端。

但是绝不能说这种行为就是说谎，对社会有害。内在与表面，是人类在社会生活中成就的一种进步。在此基础上，人类才能顺利地进行社会生活。

如果人类把自己内心所想的东西都如实地表现出来，那将会怎样呢？恐怕人类社会和野兽群体就没什么两样了吧。

（三）花

很久以前的人们是在被大自然的花包围着的环境中生活着。所以他们没有想到要刻意地去描述花。但随着人类文明的不断发展，大自然遭到了破坏。而人们越是破坏自然，越是变得想要去表现花了。

人们开垦了森林和草地，筑起了围墙。在围墙里面种植许多花草树木，用于观赏。建筑物里面也被分成了好些房间——完全人造的空间。人们要长久地生活在这些人造空间里，于是为了中和这样乏味的氛围，人们反而变得想把自然带进这些人造空间里。就在房间的墙壁上涂上花的图案、装饰些有关花的图画，或是在室内摆上插花、盆栽等，在窗外造个花坛。

（中略）

即使从整个世界来看，以花为造型的事物出现的历史都还是比较短的，尤其是专门以花为主题的画的出现也仅仅是一百多年前的事。当然要解释这一现象的话，有人会说：因为随着人类文明水平的发展，人们渐渐变得喜欢上花了。但我却认为，是因为人类随着自己破坏自然程度的加深而越来越喜欢上花的。

（一）真的世界

笛卡尔曾说过，另一个对科学发展来说很重要的观点是：世界真实的状态和我们通过感官所认识到的世界状态也许并不是一样的。我们认为地面上方是广阔的天空，天空是蓝色的、苹果是红色的。然而笛卡尔指出我们所认为的并不一定就是世界物质的真实形态。

在笛卡尔以前的时代，这并没有被人们清楚地认知到。物体下落本就该"自上而下"的落地，对于颜色，就如我们看到的是"红色"，其本质就是"红色"的物质。

事实上，物体是依据万有引力法则相互吸引的，"自上而下"只不过碰巧因为地球的质量非常大，地面的物体都会被其吸引到地表所造成的。颜色其本质也是有着不同波长的电磁波，由于我们视网膜细胞受到不同的电磁波的刺激引起的神经脉冲现象才导致我们看到不同的颜色。

我认为笛卡尔是个极具慧眼的了不起的人。人类常常无法脱离已认知的现实。能够觉察到自己感知到的和世界真实的姿态之间也许有着某种差距，这并不寻常吧。

但是这样的话又会有下一个疑问产生：如果我们对于世界的认识和世界真实的姿态之间没有关系的话，没有任何有依据的解决方式吗？就算我们没有掌握完全正确的东西，但我们对世界的认识也是以某种形式和真实形态相对应的吧，也就是说，我们认识世界的方式是完全随机的、任意的、偶然的，还是与真实形态有着某种对应联系呢？

这个作为科学知识的确切性，自古以来就是讨论的题材。最近的后近代主义的相对主义者对于科学、个体对世界的认识都是单一的、片面的看法，仅仅是随意的搭建而已。

但是我不这样认为。我们如何认识这个世界，应该是起到了对于人这样一个物种来说，在某种特定的生态学位置上生存下去的作用。我们无法在天空飞翔，只能在陆地上行走，因此我们不擅于杂技般的三维运动和感觉。另一方面我们是白天活动的生物，擅长对于颜色和明暗的识别。就这方面而言，我们所感觉到的世界受到限制。但是，我们的认识确实也是与真实世界的一部分相对应的。

（二）没长眼睛

人的背后是没有长眼睛的，因此我们虽然看得见前面却看不到背后。其实这种说法是不对的，只要想去看，就算是背后也看得到，不需要回头看。我们将"看得到背后的能力"称作想象力。不仅是后面。只要具有一般的想象力，就能从别人的眼中看到自己。别人眼中的自己是什么样的呢？那应该就是想象力的出发点吧。

演出开始后才入座的人，那样的人最让人感到困扰了。那样的人无论如何想象不到别人是怎么看自己的吧，这就是完全缺乏想象力的症状。还有那些把背挺得过分直的坐得格外高的人，这些都是"背后没有长眼睛的人"的典型。

（三）哲学家

虽然一说到哲学家，人们脑中就容易产生总是在思考着困难问题的安静书呆子的形象，但古希腊的哲学家们却全是充满了人情味的独特的人。

可以被称作希腊哲学之父的苏格拉底是一个出了名的妻管严，但是他从未将此视为耻辱，还曾经说过类似于"有个好妻子的话就可以成为幸福家，有个坏妻子的话就可以成为哲学家"这种装糊涂的话。

苏格拉底的弟子柏拉图作为一名运动员也十分出名。本身"柏拉图"这个名字就是那时候对身材高大的人的称呼。柏拉图的强大可不是一般的厉害，而是强大到能够在当时的大型比赛中作为摔跤选手取得胜利的程度。

附录二　语言文化广场译文

絆

所谓"絆"是指割不断的人与人之间的关系，也读作"ほだし"，又写作"紲"。"絆"原是指拴狗或马等动物的绳索，日本平安时代中期的辞书《和名抄》就有这方面的记载。"絆"由"拴在一起、不能分离"的意思延伸为"家人或朋友连在一起，不分离"。"絆"的语源有多种说法，"頸綱（くびつな）""騎綱（きづな）""繋綱（つなぎつな）"等，也有说是"引綱（ひきつな）"的省略形式，但有一个共同点，就是将动物拴起来的绳索。

日本汉字能力检定协会在12月12日按照"今年汉字"历年规矩，在清水寺本堂由清水寺贯主森清范挥毫书写。2011年是"今年汉字"连续发表的第17年，通过因特网在全国的应募箱收集"反应今年世相的汉字"，应征总数达到历年最高，达49万6997件。

2011年被选上的"今年汉字"是"絆"，其背景是"发生了东日本大地震以及由台风带来的大雨等灾害，还有海外的新西兰地震、泰国的大洪水等。在经历了这些大规模的自然灾害后，人们再次意识到，家人和朋友之间的紧密关系是无法替代的、"大和抚子日本女子足球队的团结胜利感动了全日本，给日本人以勇气"等。福岛一名28岁的女性来信说"家里的人都是相信未来，感受着'絆'一路走过来的。"

龟冈诚的著作《现代日本的"絆"——"轻度联系"的消费社会论》（日本经济新闻出版社，2011）中说，去年3月11日发生了东日本大地震，许多日本人才重新认识到人与人之间的"絆"也就是联系的重要性。由新闻报道确认、并由相关有识之士再次指出这样的价值观使至今为止日本人之间一直重视的传统的"絆"的意义得到再次确认。

可是，作为价值观的"絆"也就是联系，应该抓住的是时代的潮流、也就是不断变化的社会·经济环境中所期待的"絆"，即联系的内涵的变化。"絆"中的对象最有代表性的是家庭。近年来，随着进入社会也不离开家的单身者或单亲家庭的急速增加，以旧时的性别分工为基础的战后家庭模式在逐渐减少。显而易见，在原

来的"丈夫工作挣钱、妻子做家务带孩子"的分工体制中,想要过上富裕的生活或拥有光明未来的家庭模式比较艰难。

　　日本人或日本社会,要想图谋再生开始崩溃的传统的家庭模式,就应该确保"绊"联系。有人采取这个立场:在为家庭再生而改善劳动环境的同时,期待着对行政支援的婚姻政策的出台。"学校·公司·家庭"这种近代的"绊"所具有的本来作用在发生变化,它显示了战后消费社会的急剧变化,现代的"绊"要发挥过去的作用显然是不可能的。

　　邻居、友人、同好、社会之间的"轻度联系"与"轻度绊"是应该追求新的"绊"的未来形象。站在家族作为主要共同体之一而不是唯一的根源的立场,重视新"绊"的作用,期待今后的发展。代替近代的"绊",作者重视"邻居""友人""同好""社会"之"绊"。它们都不是"学校·公司·家庭"那样的牢靠永久之"绊",而是非组织的不定形的"轻度绊"。这些"绊"和现代日本人期望人际关系之间保持一定距离相吻合,给人们之间的"绊"与联系带来好的影响,提高人类的幸福感。

　　作者为了证明"轻度绊"所起的作用,以现代日本人的"绊"的代表事例,介绍了NPO(非营利)团体的活动和社会公益活动的例子。但介绍的例子很多绝不是不变的,所含有的临时性的、流动性的要素较多。因此,还不能保证"学校·公司·家庭"这个近代绊能否成为代表日本人的"绊"。"学校·公司·家庭"这个近代"绊"的再生是否能成为日本人"绊"的正道呢?还是应该构筑适应现代的广范围的"轻度绊"呢?可以说这是东日本大地震后的日本人应该考虑的问题吧。

第二课

家　　教

　　日本人认为,儿童时期起父母亲就应该对孩子进行在外的规矩和对别人的礼仪的教育。

　　比如,日本的父母亲要经常对小孩子进行各种各样的社会生活教育:

　　"要认真和别人打招呼!"

　　"做错了事就要老老实实地说声'对不起'!"

　　"对于年长的人说话要客气点儿!"

　　"不要做给别人添麻烦的事!"

　　"不要尽说些任性的话,要会忍耐!"

　　对孩子进行这些家庭教育被称作"家教"。如果孩子不懂礼仪,或者待人接物

存在问题时，人们不认为孩子本身有问题，而归结为父母亲的家庭教育问题。

例1：最近孩子不能有礼貌地和别人打招呼，这是家长教育得不好。

例2：小的时候祖母严格地教育我：吃东西不准剩。

"家长的教育不好"这种说法，不仅仅对孩子，对大学生和成年人也同样适用。日本人认为，无论孩子多大，父母亲都有责任，这和欧美文化不同。欧美人认为，孩子长大成人应该独立于父母亲，成为一个具有社会责任的成年人。日本人这种看法和"内与外"的想法有关，家（内）是社会（外）生存教育的场所。因此，人们在"外"的行动都有"内"的根源。

日本经常使用"看看他爹娘长什么样儿""弄清他的老底"这样的表达方式。"お里"说的是自己的家（出生、生长的家），这里的意思是说，一个人有坏的表现都是因为家庭教育不好才造成的。

例3：连这样的常识都不懂，从小是怎么教育的！真想看看他家长是怎样的人！

例4：不管穿着多么漂亮的衣服，看看他的谈吐和吃相就知道他的家教怎么样！

另外，"しつけ"这个词也经常使用在宠物和公司职员上。

例5：邻居家的狗总是夜里叫，真讨厌！主人没有好好管教吧！

例6：这个公司员工的素质真差，客人来了也不打个招呼！

例6中承担素质教育的应该是公司和上司。这是相对于"外"面的人而言，公司内部整体为"内"。可以说，这个例子典型地表现出日本人内外分明的思考方式。

在做衣服的时候，为了做得漂亮，做得规矩，在正式缝之前简单地用线纴一下，这种做法日语叫做"しつけ"。教育孩子就像做衣服一样，家庭把孩子教育成能够规规矩矩在社会生活的过程叫做"しつけ"。

"しつけ"用汉字可以写成"躾"。"躾"由"身"和"美"组成，意思就是使自己的身体美丽起来。汉字本来是由中国传到日本的，也有些是日本人自己创造的汉字，这种汉字日本人称为"国字"。"躾"就是一个"国字"。

被称为"国字"的还有"辻""榊""峠""裃""畠"等。这些文字所表达的物和概念中国没有，所以也没有这类汉字，是日本人按照汉字制作的方法独自制造的。其中有些"国字"，相反是由日本流入中国的，中国权威辞典《现代汉语词典》就收录了"辻"字，并注明是日本国字。

此外，日语中还有许多鱼字旁的国字，如"鰯""鱈""鱚""鯱""鯰"等，那是因为日本四面环海，鱼类和日本人的生活关系密切。

无论是"しつけ"也好，还是"躾（打扮自身）"这个汉字也好，都表现出了日本人感性的一面。

附录二 语言文化广场译文

第三课

礼 仪

所谓的"マナー"来自英语"manners",是指礼仪·礼节规矩。"マナー"指自己和大家的举止礼貌以及生活方式。

"マナー"是"为别人考虑"的心情表现,为了不使别人产生不快而每个人深思熟虑后采取的行动。但有时与其说是"为别人考虑",还不如说是将"マナー"规矩化、以能否遵守这个规矩作为判断人是否有礼貌的标准。比如从职场礼节等就可以看到这种倾向,其结果就会产生下述弊病:没有命令或规范就不能行动、欠缺礼貌手册以外的适应能力、不加思考等。

一般情况是,每个不同的场合都有各自不同的礼节,是与其文化共生的礼节。

比如和某人谈话、和某人会面、和某人一起吃饭的时候,一般会注意不使对方感到不愉快而同时自己也感到方便。

比如在某个国家的文化中有这样的礼节:要考虑这种做法是否美呀、是否绝佳、是否能够传达相互的心情呀等等。把这些在某种意义上是否适应周围氛围、经过常识判断的结果称为"マナー"。

不需把自己讨厌的事说成违反规矩之类,只是说声"我讨厌它"就可以了。可是,很多场合只说"我讨厌它"有可能对方不接受,所以只有降低身份和对方交谈,寻找妥协点。

基于基本思考的"マナー"是对自己和大家的事情深思熟虑后所采取的行动。可是,根据不同人解释也不同的"マナー",不是因为和自己想法不同批评对方违反"マナー",而是要想象是否相互之间在考虑着什么的"マナー"。在采取令对方感到不快的举动时,希望双方设身处地考虑对方后再采取行动。

"マナー"的形式多种多样,会令人感到拘束,但是其形式是确保社会中人们能愉快生活的智慧。"マナー"按照不同的国家或民族、不同的文化和年代、不同的宗教信仰和风俗习惯,其形式也是不一样的。还有因个人价值观和观点的不同,形式也有差异。在有些国家被称为美德的事,在其他国家可能令人不快。比如说,美国人在别人面前打饱嗝会令人不快,而在中国,饭后打饱嗝是不违反礼仪的。还有在日本吃饭的时候端起饭碗吃是常规,而别的国家反过来将盘子放在饭桌上,用筷子、勺子和叉子吃,如果端起碗来吃反而会被批评"像乞丐似的,不雅观"。

吃饭时的"マナー"称为"饭桌礼仪"。日本国内吃洋餐和日式料理的"マナー"

不同。只是在日本国内吃的话，中华料理和诸国料理的"饭桌礼仪"是没有场合限制的。到国外吃的时候就要"入乡随俗"，遵守当地的"マナー"。

在等待乘坐电梯时，不要站在电梯门的正前方，而应站在旁边，这样就不会妨碍他人。

在图书馆或电影院等公共场所，手机要关机或设置成静音状态。

第四课

内与外

提起"内与外"，日本人首先想到的是自己的家和外面的社会。"家"这个汉字日语读做"うち"，就象征性地表达了这个含义。

对于日本人而言，最初碰到的"内"应该是自己的家。之后，随着成长，逐渐地将学校和公司等自己所属的组织意识为"内"，经常将"我们公司""我们学校"挂在嘴边，而且将"内"以外的人和组织认为是"外"，"外"也可以读作"よそ"。

在孩童时期，时常羡慕朋友的家庭，听到"某某买新的游戏机了"之后，纠缠着自己的父母说"我也想要"，这样的事情大家都干过吧。这种时候，日本的父母肯定会用惯用表述（例1）来对付孩子。

例1：孩子：妈妈，给我买那个玩具吧，大家都有了。
　　　妈妈：人家是人家，自家是自家！忍着点儿吧！

例2：老师，您好！我家的孩子承蒙您照顾了。

进入社会后，自己的家当然是称为"内"了，和自己同一公司的人也称为"我们公司的人"，在同一公司中属于同一部门的人称为"我们部门的人"，其他部门的人则称为"别的部门的人"。即使在同一部门，和自己同一项目组的人称为"我们组的人"，其他项目组的人则称为"别的项目组的人"。

例3：我们公司比别的公司工资高。

例4：还是人家的部长好啊，我们部长动不动就发火，真让人受不了。

就像上面这样，内与外会随着自己所处集团的组织结构变化而发生变化。

比如说，某个组织内部出了什么事情，往往只会让自己人（内部相关人员）去处理，这叫做"私下处理"，意味着这件事情不能让外人知道。

另外，日本人将平时不穿的好衣服称为"正式外出服装"，虽然对方很熟悉，但却保持有一定距离的态度，这种情况称为"见外"。这两个词正像字面所说的那样，是"外"出的衣服，对"外"人的态度的意思。

例5：已经相处这么长时间了，说话不要这么见外，随便点儿嘛！

敬语是对上司或关系不太亲近的人使用的听起来彬彬有礼的说话方式，是客气的说话方式。因此，如果与对方变亲近了，还总是使用敬语的话，就会使对方感觉不舒服。但是，如果关系不是那么亲密，说话太随意的话，说不定会因为过分亲昵而被讨厌。

对日本人来说，内与外的划分，是决定自己的措词、态度和行动的非常重要的基准。

哲学家和辻哲郎在他的著作《风土》中提到，在日本，妻子称自己的丈夫为"我们家那口子"，丈夫称妻子为"内人"，这种内与外的区别，在欧洲语言里找不到。另外，社会人类学家中根千枝在她的著作《纵型社会的人际关系》中说到，日本人的内外意识虽然强化了组织的一体意识，但是反过来也产生了排除组织以外的人的观念。

日语中体现内与外的地方有很多：

"内輪の事情を外に漏らす"（将自己所属组织内部的事情泄露给外人）；

"内弁慶は"（在家或公司内部很强势，但一到外面就软成面团的人。"弁庆"是传说中非常强势厉害的平安时代末期的僧兵）；

"内祝い"（只是家里人或亲近人之间进行庆祝）；

"外面がいい"（对内部人态度不好，而对外人面带笑容态度好）。

从上述说法中可以看出，日本人能非常敏锐、清楚地区分内与外，这也是日本人划清界限的基础。

第五课

社　会

"世間"不是指具体的场所或具体的人，而是指自己所属的社会。这个词具有广泛的含义。例如没有亲戚关系的人们一起工作、一起生活产生的相互联系。"世間"简单来说可以说是家庭以外的人们，也就是外边的人们（参见"内与外"）。

例如，一旦惹了什么事情，日本人总是说"没脸见人"啦、"让人家笑话"啦等等。这里的"世間"指的就是家庭以外的人和亲戚以外的人。

另外，在关于政治和社会的新闻里经常会出现"世間の声（社会之声）"或"世間が許さない（社会不允许）"等表现形式。这时的"世間"指的是日本全体国民或日本整个社会。

例1：那样的举动，即使家里人认可了，社会也是不允许的。

例2：都成了大学生，还说这些不懂世故的话，会惹人笑话的。

例3：即使与所有人为敌，我也要坚持自己的想法。

"世間知らず"是批判那些生存在社会中却不懂社会和人际关系规矩的人的词句。一般而言，人们从小便会在家里学习社会或人际关系间的习惯和规矩。所以，如果不懂这些规矩，就会被人说成"家庭教育不好"。

因此，日语"世間"这个词的背后肯定会联系到自己家或者家里人、亲近的人等。可以说，"世間"和家有着对立的关系。日本人往往是意识到与他人的关系然后才行动，所以使用"世間"的表达形式有很多。

"渡る世間に鬼はなし"（世上并不只有坏人）。

"世間の風は冷たい"（在家千日好，出门一日难）。

"世間に顔向けできない"（做了坏事，有愧社会）。

出于这样的想法，日本人特别在意外面到底是怎么看自己的家和自己本人的。下面关于"家"和"親"的词语，便是来源于"世間に対する家"（社会对自己家）和"世間から見た家"（社会看自己家）的意识。

"家名に傷がつく"（家里的某一成员败坏整个家族的声誉）。

"親の顔に泥を塗る"（孩子做坏事，损害父母的名声）。

虽然现代日本对"家"的意识逐渐没有过去那么强烈，但是可以说日本人的言行举止里仍透露着"世間"与"家"两种意识。

现代日语中的"人間"和"人"意思几乎相同，但是在古代日语里"人間"并没有"人"的意思。以前，"人間"读作"じんかん"，意思是"人与人之间""人所处的社会"。现代汉语的"人間"也指的是"世间""人类社会"，并没有"人"的意思。

那么，日语里为什么"人間"和"人"有同样的意思呢？

哲学家和辻哲郎就这个问题进行了研究。他在《作为人间学的伦理学》中写道，人只有处在"人世"和"社会"之中，才能够在人际关系上称之为"人"。因此，「人間」具有「世間（社会）」和"人"的双重意义，最完美地表达了人类的本质。人既是个人，同时又是社会的一员，日语的"人間"这个词是指生存于人与人关系之中的"人"。

恥

人要生存，就要在自己所属的社会中占有一定的位置，起着一定的作用。也就

是说，每个人都会受到"世间（社会）"的评价，也可以说，人们是意识到这种评价的同时生活的。

因此，如果有了什么失误、或者被人发现了缺点，或者犯了什么罪，自己的评价就会下降，就会感到自己的自尊心和名誉受到伤害，这种心情就是"恥ずかしい"。

"格好がつかない（不像样子）""世間体が悪い（不体面）""面目がない（没有脸面）""面子がつぶれる（丢面子）"这些词句都表达了"为社会对自己的评价下降而感到羞耻"的心情。这种场合也叫作"恥をかく（丢人）"。

例1：请女朋友吃饭，不巧忘了带钱包，真是丢死人了。

例1当然可以说"恥ずかしかった（丢人）"，对于自己的恋人和饭馆的这些知道事实的人，自己的窘况被他们看到，此时的"恥をかいた"是表示"恥ずかしい（丢人）"这样的心情。

也就是说，"恥ずかしい"主要是表示自己本身的个人感情，"恥をかいた"多少可以表现一些客观的观点。

比如说，一不小心滑了一跤，当时谁也没有看到，即使如此，自己还是感到"我怎么在这个地方摔跤呀，真是有点儿不好意思"，此时就不能说"恥をかいた"。"恥"往往是比个人感觉更加广泛的社会普通人的目光和社会评价，或者说更多的是来自于道德意识。

日本人在生活当中，强烈地意识到别人是怎么样看自己的。因此，可以说"恥"的感觉非常强烈。反之，有些人完全没有"恥"的意识，毫无顾忌地做坏事，人们谴责这些人"恥知らず（不知羞耻）"。

例2：为了钱而出卖朋友，你真不知道丢人。

"恥を知る（知道羞耻）"是作为一个正常的社会成员生活在社会中的极其重要的原则。

"恥知らず（不知羞耻）"是评价人格的很重的说法，稍微轻一点儿的说法有"みっともない（不成体统）""見苦しい（没面子）"，常见的还有"みっともない格好（不像个样子）""見苦しい態度（那个态度很没面子）"的说法。这些说法意思是无论本人心情如何，周围的人不看好你，给外边人的印象也不好。

例3：穿那么脏的衣服，真丢人，赶快脱了！

例3是日本的爸爸妈妈呵斥自己的孩子时经常使用的言语。与其说孩子穿着脏衣服自己感到讨厌，不如说"这种样子让外人看见了，自己感到丢人"，他是在意周围人的看法。

美国人类学家露丝·本尼迪克特在她的著作《菊与刀》中总结道：日本人是基

于是否"耻"为价值标准进行行动,是"耻文化"民族。日语中意识到"周围人的看法"的表达形式有很多,这也可以说是"耻文化"的表现。

关于人们将什么认为是"耻",不同社会不同时代有不同的标准。

平安中期(10世纪)的武士,为了主人的利益去战场作战,作为奖赏得到土地,养活自己的一家,这是一般的常识。在战场上,一马当先冲进敌人的阵地勇敢作战,称为"冲锋在前",是武士的最高荣誉。

相反,没有勇气的行为是武士的"耻辱",尤其"背后伤"是最大的耻辱。"背后伤"指的是战斗中背后负的伤。不是伤在身前,而是伤在背后,这是想逃跑被敌人看到后背的证据,是害怕敌人的证据。在战场上,没有比"被敌人看到了背部"更丢人的事情了。

后来到了江户时期(1630～1868年),大规模的战争没有了,武士失去了本来的作用,因此很有必要重新审视"武士应有面目",就是人们所说的"武士道"。即使没有战争,也要随时随地做好为主人舍身战斗的思想准备,这种"忠心耿耿"的精神受到重视。不怕死、不为金钱所诱惑,是武士的美德。武士以此为自豪,失去了这种美德是武士的最大羞耻。根据江户时期强调的武士道的思考逻辑,镰仓时期(1185～1333年)武士为了奖赏而战斗应该说是可耻的。可以说,在这个意义上,"武士道"具有相当理想化的一面。

在以武士为中心的社会,从镰仓时期到明治维新长达700年间,"武士道"特别是"耻"意识在日本人的心目中成为重要的行为准则,可以说,即使在现代,其生命力也是相当强大的。

第七课

撒 娇

"甘える"是指渴望他人的好意或爱,强烈期待别人的照顾和帮助,并将此付诸态度与行动的意思。

最容易使人理解的就是孩子对父母"甘える(撒娇)"吧。婴儿渴望妈妈的爱,紧紧抱住妈妈、哭闹等,这就是"甘え(撒娇)"行为。另外,稍微大一些的孩子哭着叫着想要爸爸妈妈买玩具,这也是撒娇。

这个时候,如果父母让孩子想干什么就干什么,孩子想要什么就给什么,这叫做"甘やかす(娇生惯养)"。父母亲对孩子娇生惯养,孩子容易变得任性(以自我为中心),从家庭教育的角度来说是很不好的。

附录二 语言文化广场译文

例1：婴儿向妈妈撒娇显得很可爱。

例2：那个孩子想要什么父母亲就给买什么，就是这样娇生惯养长大的。

"甘える（撒娇）"带有很深的孩子烙印。实际上大人身上也常常见到撒娇的行为。

比如说，女性对着恋人说"我说呀，给我买个钻戒呗"，这也是撒娇。工作中遇到纠葛时，期待着前辈和上司的帮助，可以说这也是撒娇吧。

对于关系亲切的人都抱有这样的期待："或许对方会理所当然地接受自己的请求""对方会帮助自己的吧"，对对方寄予强烈的期待，这样的感情叫做"甘え（撒娇）"。

据说日本人容易产生"甘え（撒娇）"的感情。可以说，这种感情相对"外"而言，对"内"的意识作用特别强烈，即使不说话，相互理解对方心情，已是习以为常的事。

不过，大人都会认为"甘え（撒娇）"不好。这是因为，无论关系多么亲近，对外人都会有所顾虑。

例3：A：如果可以的话，中午你在我家吃饭吧。
　　　B：诶，那样好吗？那么，我就恭敬不如从命了。

这样，在接受别人的好意和帮助时，就会说些"それでは、遠慮なく（那么，我就不客气了！）""それでは、お言葉に甘えさせていただきます（那么，我就接受您的盛情吧！）"之类的话。

关系不是那么亲密，还净说些客气话，就会"冷淡"得招人嫌。如果一味地撒娇，人们就会认为"关系不管怎么亲近，也要有个礼节呀"，还是有所顾忌的好。掌握好"甘え（撒娇）"和"遠慮（客气）"的分寸是相当困难的。但是，在构筑好的人际关系上巧妙使用两者是非常重要的。

日本心理学家土居健郎在美国研究期间发现，尽管欧美人之间也会出现类似"甘え（撒娇）"的行为和态度，但是他们几乎没有相对应的概念和词语。之所以如此，是因为他们没有"甘え（撒娇）"的意识。另一方面，日本的"甘え（撒娇）"是日常性的，在说话中也经常使用"甘え"这个词。由此可以想到，"甘える"这个词极具日本特色。归纳此研究成果的著作《"甘え"的构造》一书在日本引起巨大的反响，成为了畅销书。

作者在书中明确指出，所谓的"甘える"是希望和对方成为一体的感情，在日本人生活的各个场景中，"甘え"的心理都在起着强有力的作用。

界　线

在日常生活及社会生活中，日本人最珍惜重视的想法是"けじめ（界线）"。从幼小时期，日本人在家里和学校就受到这样的教育，"ちゃんとけじめをつけなさい（干什么都得有个分寸）" "けじめのある行動をしなさい（一切行为都要有分寸）"等。

那么，"けじめ"究竟是怎么回事？

"けじめ"可以见于各种场面，例如使外国人感到吃惊的事情之一——百货公司的年底装饰。一过12月25日，各地豪华的圣诞节装饰马上一下子变成了新年的门松。可以说，这是日本人重视"けじめ（分界线）"的感性所致。

所谓"けじめ"，基本意思是"清楚区别开来"。特别是在认真考虑TPO（时间、场合）或者与对方关系时要采取与此相符的态度与行动。

例1：学习时就要好好学习，玩耍时就好好玩耍。生活要有界线。

例2：他们两个人在工作时间内老是闲聊，没有公私的界限。

日本人在与同一个人说话时，要考虑对方是在工作还是在私人空间，由此来改变遣词用语或态度，这就是分清界限。无论是多么亲近的朋友或恋人，只要是在工作场合，就必须使用敬语，和其他同僚一样。虽说私下之间关系亲密，如果在工作场合说话亲切或者涉及私人的话题，就会给周围的人留下坏印象，会被别人认为是"公私不分的人"。

在处理人与人的关系中，划清界限是非常重要的，要随着和对方的关系的转变来改变遣词用句和态度，要看清对方是上级还是下级，是圈内人还是圈外人，是男人还是女人。比如说，即使对方是自己的亲密朋友，但是在工作上他是个客人，就必须使用接待圈外人的言语。如果对方是自己的上司，就需要用对待上司的态度和词语。也许有些人认为"朋友无论什么时候都是朋友"，但也要根据时间和场合区别对待，这就是"けじめ"。

对于日本人来说，"けじめをつける（掌握好分寸）"绝不是损害与对方的亲切关系，而是通过分清界限更加尊重对方。

在日本人的行动规范中，"けじめ"这个观念恐怕是最重要的。"けじめ"是区别和差别化，但不是简单的区别和差别化。要意识到社会上的所有关系，公与私、内与外、男与女、上级与下级、前辈与后辈、老师与学生，等等，在各种各样的状

况中分清它们的不同,从而采取不同的语言与行动。

日本人从小就在父母亲的教育下成长长大,父母亲经常教育说"お兄ちゃんなんだから、男の子なんだから、○○しなさい(你是哥哥,你是男子汉,应该如何如何)"。到了学校,老师又教育说"先生に対して、上級生に対して、その言い方は何ですか(对于老师,对于高年级学生,应该如何如何)"。就职进入公司,就会有人教你对待上司、对待顾客,你必须怎样说怎样做。这样,日本人无论是在家庭还是在学校,无论是在职场还是在其他任何地方,都要求具有"けじめ"意识。如果没有的话,就会被批评是"けじめがない(没有分寸)""だらしない(吊儿郎当)"。

像这样,会使用敬语是理所当然的,学习处理好与上级或下级的关系,掌握社会行为规范,对上司或顾客采取恰当的态度和姿态,成长为一个合格的"日本人"。

第九课

人　目

可以说日本人是"恥"意识非常强烈的民族。"恥ずかしい"的感觉和"恥"意识的背后,是在意周围人如何看待自己的行动和态度的心情。如果说日本人生活在别人的眼睛和看法之中,绝不是夸大其词。

这个场合的"他人"不是特定的某个人,而是周围的人或"社会"的普通人。这样的周围人的视线与"社会人的眼"统称为"人目"。

例1:想和她说话,但顾忌"人目(别人看见)",没能说成。

例2:犯罪往往发生在没有"人目(人)"的地方。

据说,外国人在日本乘电车时惊讶于日本乘客的安静,这是因为日本人在人多的地方总是顾忌"人目(众人的视线)"、想尽可能不引人注目。

从日语中有关"人目"的表现形式之多就可以明白日本人是如何在意"人目"的。

"彼は母親の葬式のとき、人目もはばからずに(＝周囲の人のことを気にしないで)大声で泣いた"(在母亲的葬礼上,他毫无顾忌地大声哭了起来)。

"このポスターをどこか、人目につく場所(＝他人からよく見える場所)に貼っておいて"(把海报贴在一个显眼之处)。

"彼はいつも人目をひくような(＝他人の注意を向けさせるような)派手な服を着ている"(他总是穿着一身引人注目的华丽衣服)。

"会社を首になったが、人目がうるさいから(＝他人に知られていろいろ開

かれたりすると面倒だから）毎朝、出勤するふりをしている"（他虽然被公司开除了，但是害怕被发现，每天早上还装作上班的样子）。

"電車の中で平気で抱き合うなど、今の若い人の行動には人目に余るのがある（＝他人の目から見ると不快に感じる）"（在电车上两个人还毫无顾忌地抱在一起，现在年轻人的举动简直令人不堪入目）。

"犯罪者の家族は、人目を避けるようにして（＝周囲の人の視線をさけるようにして）」生活している"（犯罪者的家属避开人的视线生活着）。

"昔の恋人たちは、人目を忍ぶようにして（＝他人の視線を気にしながら）会っていたものですよ"（以前的恋人约会时总是避开旁人的视线）。

"二人は、人目を盗んで（＝人に見つからないようにこっそりと）、密会を重ねていた"（二人多次悄悄密会）。

由此可以看出，日本人的心理是多么强烈地在意周围人的视线和社会的看法。进入现代社会后这种意识多少有点儿淡薄，但是"人目"还在对人们的举动和态度产生相当大的影响。

和"人目"有关的说法这么多，显示出日本人生活得多么小心翼翼，他们在别人的视线和社会的看法中过着日常生活。其实，"人目"这个词在古代的《万叶集》的诗歌里就可以看到。

"世间众目窥，欲见心惊颤。黑夜幕降下，梦中最安全。"（社会人目众多，容易被人窥见，还是在夜里梦中见面吧。）

"世间众目多，无法来相亲。相距虽不远，相恋却苦辛。"（由于众目睽睽，虽然住得这么近，却不能和你相见，真是想念你。）

"耳目繁又多，人言又可畏。心中怀倩影，相见不可为。"（只能脑海中浮现你的倩影，现实中又不能相见，真是心疼。全怪众目睽睽。）

《万叶集》是日本最古老的和歌集，它收集了从传承时代到8世纪后半叶的和歌。其中，从皇族贵族到庶民百姓，阶层广泛，和歌达4500首之多。由此可以看出，从古代开始，日本人就在在意世人的视线中恋爱并生活着。

朴　素

"素直"是"原始的""纯粹的""朴素"的意思，是表示心不打弯儿、不弯曲的词汇。原本日本人认为自然的、不用手加工的东西是最有价值的。日本人更喜欢朴素

的东西，而不是打扮得花里胡哨的东西。因此，对人格的评价，最高的是"素直"。

例1：那个孩子很"素直（纯朴）"，很好的孩子。

孩子一般不像大人那样容易怀疑别人。因此，一般不怀疑大人说的话，把"素直（认真）"听大人说话赞誉为像个孩子样、是个好孩子。相反，把那些怀疑大人所说的话、父母亲提醒还还嘴的孩子认为不"素直（听话）"、不像个孩子。

"素直"是成长为成年人后所被追求的目标。

例2：自己干的事要"素直（老实）"地承认。

例3：要"素直（认真）"地执行上司的指示。

例4：他不"素直（认真）"听取别人的意见，和他说话真累。

"素直"本来是心不弯曲的意思，例2、例3和"いさぎよさ（纯洁、痛痛快快）"以及"従順さ（听话、温顺）"的意思相同。总之，对于日本人来说，"素直であること"和"いさぎよいこと""従順であること"一样，是很受欢迎的词汇。

相反，把不"素直（老老实实）"听别人话的人叫做"へそ曲がり（性情乖僻）"（肚脐不在身体中心的位置，借喻人性格扭曲）"。

识　趣

2007年前后，日本流行"KY"这个词。"KY"是由"K（Kuuki）"（空气）和"Y（読めない Yomenai）（读不出来）"两个词的第一个字母组合而成。"KY人"是指"读不懂空气的人"。这里的"空气"是指"当时的气氛和周围人的心情"，"读"是"思考""推测"的意思。"空気を読む（读空气）"是指考虑到周围人的心情并采取符合周围气场的举动。

在年轻人和孩童之间，说别人坏话时经常是说"あの人、KYだよね（＝空気が読めないよね）"（那个人这么不识趣）。从这句话里可以看出，日本社会期待着孩子从小开始，就要顾忌周围的场合等而采取行动。

例1：现在这么忙，你自己还想休息，真是有点儿不知趣。

例2：A：田中已经失恋了，在他面前，铃木还在大谈特谈自己的恋人，真让人头疼。

B：铃木这个人，真是不识相！

日本人在大众面前大多不喜欢明白地表达自己的意见，所以外国人会感到"搞不懂他在想什么？"可是，日本人习惯于察言观色，他们之间经常会出现不用说话

就能相互理解对方想法的状况，这叫做"默契（不说话，大家都心知肚明）"。

还有"以心传心（即使不说话，也和对方心意相通）"或"话不说为妙（重要的事情，不要全部都说出来）"等许多日本人喜欢的说法。日本人把"话不用说得很清楚，双方就明白了"看得很重要。

还有个谚语叫做"祸从口出"（一不注意说出不该说的话，以此为由，发生了坏事，所以要特别在意"不该说的一定不要说"）。

和周围的人不太亲近时，或对周围的情况不太了解时，要安静倾听，不要说出自己的意见，应和别人表现相同。

"空気を読む"时的"読む"，是以某种信息作为基础，推测出不清楚的事情。比如说"来年の世界の経済動向を読む（推测明年世界经济的动向）"。

日本人一般喜欢避开用语言清楚地表达事情，而用不经意的态度或表情将自己的意向告诉对方。相反，如果自己没有清楚说出来而对方就明白了自己的意图或想法，对此会感到非常高兴。这说明对方很了解自己。因此，有必要具备能够推测对方意图或想法的观察能力。

和"空気を読む"类似的说法有"相手の腹を読む"（猜测对方的心思）。

此时的"腹"指的是表面看不见的意图和想法，要能够将它们推测出来。日常生活中日本人常用的还有"相手の腹（＝考え）がわからない"（不知道对方的想法）、"腹を決める（＝意思を決定する）"（下定决心）、"腹の探り合い（＝お互いがいろいろと相手の意図を推測しあう）"（互相揣测对方的心思）、"腹にもないことを言う（＝全然思っていないことを言う）"（言不由衷）等等。"そのことは腹にしまっておけ"意思是把某种想法和意图都藏在心里，不要表露出来。

这些谚语都表达了日本人不喜欢清楚表明自己主张的感受。

"目は口ほどにものを言う（眼睛闭嘴都会说话）"这句话是说要具有看看对方的眼睛就能判断对方心里在想什么的观察力。

在日本，社会人都要具备"空気が読める"的能力。

求职活动

"就職活動"是为了就业而进行的各种活动的总称，简略地说，就是"就活"，通常是指学生、失业者等还没有就业，或者自由工作者等非正规就业者为了在企业或政府等正式就业而进行的活动，一般不包含为了跳槽或自营业而进行的活动。

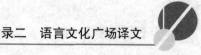
附录二　语言文化广场译文

　　因特网普及以前，一般是根据大学就业课贴出的招工广告，或根据投递到自己家里的企业招工宣传册等，给企业打电话，发送信件，取得联系，然后到公司参观，参加公司主持的考试。2000年因特网开始普及，以大型企业为中心，利库利特开通了利特就业向导网页（还有其他类似的网上就业向导网），求职者上网登录成为会员，通过网站向企业表明参加企业考试的意愿，预约参加公司说明会或参加企业举办的考试。这成了现代求职的惯例。现在很多大型企业只在招工网页上刊登招工信息，登录招工网站成了希望参加求职活动学生的常识。

　　出版社为那些由于废除就职协定而要从激烈的竞争中的胜出者出版了大量的"就业入门书"，内容包括面试的方法、申请书的写法、如何认识自己的长处、适应能力、综合人事计划、进行自我解剖等。大型书店摆出就业书专区，人气十分旺盛。

　　近年来，打着就业支援旗帜的"就活"团体纷纷成立，以大学2、3年级学生为对象，举办（收费）研讨会，开始早期的就业活动。其中，有的讲座收费高达10万~70万日元，也有的收费和讲座内容完全不匹配。

　　另外，大学生一面要面临告别大学生活，一面要参加就业活动，筹集学费、生活费和就业活动费，负担很大。尤其是地方的大学生到大城市求职，比如北海道的大学生想到东京的企业求职，交通费就是一笔很大的费用。为此，有些大学对这些求职的学生给予交通补助。

　　许多企业在招工过程中不能很好地掌握求职者的个人经历或个人情况，因此很多大学在学生入学之后马上召开如何写履历书的讲座，向学生传授"想从事什么样的工作""为此应该做些什么"等就职动员知识。可是，如今就业前景比以前更加黯淡，招工岗位大幅减少或者停止招工，录取过程更加严峻，甚至到了参加"就活"变成毫无意义的活动的程度。

　　还有的求职者命运（或者说缘分）特别差，就是拿不到录取指标，不得已反复多年进行求职活动。这类人往往是以没有经验作为理由，虽说是中途录取，但是刚开始就被定为不录取对象，最终不得不放弃求职，这样对今后的求职非常不利。特别是泡沫经济崩溃后的毕业生，虽然各地情况各异，但是总体上招工人数减少，不要说做正规职员，就连做个临时职员也相当困难。

　　这样，一旦成为"就职浪人（失业者）"，随着年龄的增长，要想跳出这个火坑是相当困难的。最近，有高等学历的求职者和自由工作者（学历难民）也不少。近年来，为了不成为"就职浪人"，没有取得内定资格的学生为了确保新毕业生的资格，采取留级或者进入专科学校、短期大学、读研究生等手段，重新取得参加求职资格。这是上世纪90年代中期开始出现的现象，特别是美国经济危机以来，没

有取得内定资格的大学生和研究生很多毕业后进入专门学校学习，这充分说明了就职的艰难。

人生终结活动

所谓"終活"是"为人生终结活动"的省略，意味着人生迎来最后时期对应该做的事情进行总结。

第二次世界大战后，日本总人口增加了。2010年迎来人口增加的高峰期，以后开始逐年下降。可是老年人口（65岁以上）2010年以后仍在继续增加。根据总务省统计局的统计资料，第二次世界大战后刚开始老年人占全国总人口的比例为5%左右，以后渐次增加，预计2035年将占总人口的1/3。和其他国家相比，日本的少子高龄化进展相当迅速，在不远的将来，大量的团块（1947至1949年日本战后第一次生育高峰）年代出生的人将进入老年期，接着他们将会死亡。因此，为了不给别人添麻烦，现在的老年人流行自己准备后事。20世纪初期，是家庭孩子多达10人的时代，他们能够分担照顾父母亲的老年生活和后事。而现在1个家庭只有1个孩子，不能给孩子增添太大的负担。因此，作为社会现象，"終活"就开始普及展开。

主要事项为：生前自己为自己准备葬礼、准备墓穴；为了不给活着的人找麻烦，进行生前整理；订立计划，以便后继人顺利地继承自己的财产等等。这是周刊杂志《周刊朝日》造出的新词。从2009年8月至12月《周刊朝日》连载了"现代终活事情"。"现代终活事情"叙述了流通方面的记者金子哲雄于2008年10月2日41岁时突然逝世。他生前就完全准备好了自己的守夜仪式、葬礼仪式、告别仪式及墓地等事项。这种自己为自己准备葬礼或坟墓的指导书被称为"終活本（书）"。朝日新闻出版社对连载进行加工，出版了特刊《我的葬礼我的墓》，书中介绍了区别葬仪社优劣的方法以及只进行火葬的直葬法。

受到特刊的刺激，各杂志社就"終活"进行采访组稿，《周刊宝石》出版特集《能够安心的葬礼》，出版临时增刊《葬礼·寺院·坟墓·继承大事典》。《周刊东洋经济》也出了特集《家产继承·事业继承·葬礼坟墓》。宗教学者岛田裕巳在幻冬舍出版社出版专著《葬礼、不需要》，对日本的葬礼与戒名进行构造上的分析。出版界相关人士分析说，"終活本（书）"这一系列正在形成规模。

随着出版风潮兴起，"終活"这个词逐渐在社会流行起来，在2010年的新词流行词大奖赛（自由国民社出版，《现代用语基础知识》杂志社主办）中被提名，

2012年被选为并列第一名。2012年成立全日本第一个"终活专业团体"——一般社团法人"终活"综合支援赞助协会。2013年产经新闻出版社日本第一本"终活"专门杂志和"终活"读本「ソナエ」发行，2014年开始出版"终活"年历，展示出更加轻松地从事"终活"的小型"终活"事业的前景。以《文艺春秋》和《中央公论》等大型刊物为首，《周刊东洋经济》等各个月刊杂志、周刊杂志纷纷组稿出版"终活"特集，"终活"最终成为日本社会的一大潮流。

第十四课

为"○活"赋予新意义（1）

就活、婚活、离活、妊活……"○活"这样的新词一个接一个登场，气势不可阻挡。2012年12月3日发表的2012年的"U-can新语·流行语大奖"投票中，"终活"获得前十名之一，"网络交流求职活动"也由评审员选出参加评选。为什么"○活"新词层出不穷地不断涌现呢？我们来看一下它们的背景。

国语辞典也积极采用

首先来确认一下"○活"词类的流传。2012年11月出版发行的中型辞书《大辞泉第2版（小学馆）》是本很有特点的国语辞典，它积极采用新词。在同类辞书中采用新词最多，"朝活""婚活""就活""转活""离活"都有。除了意味着"面向准备葬礼、坟墓等人生最后阶段的活动"的"终活"、意味着"使用网络（SNS）进行求职活动"的"ソー活"这类的超出一般范围的"○活"词类没有收录外，因特网版《大辞泉电子版》连"妊活""保活"等都收集在内。

《现代用语基础知识》新设的"○活"项目例

2010年版	婚活、离活
2011年版	朝活、终活、妊活、保活
2012年版	温活、寝活
2013年版	ソー活、友活

（注）前年11月发行的《现代用语基础知识》收集条目

这些新词中，第一个是求职活动的略语"就活"，在学生中间很有市场。根据全日本报纸新闻报导数据库查找结果，最早的例子出现在1995年5月27日的《产经新闻》中，报纸引用某女大学生给记者的明信片中使用了"就活"这个词，她说："满怀信心投入就职活动（就活）之前，我打算生活得精神饱满、阳光灿烂。就活也许就是好女子的试金石。""就活"这个单词最初出现在1999年发行的2000年版的《现

代用语基础知识》上，到广泛流传还需几年的时间。

为了跨越困境要有轻松愉快的精神面貌

《现代用语基础知识》也许因为是新语·流行语大奖赛的评审者，有自己的解说。2004年版解说是，"2001年（平成13年），学生之间将'就职活动'简化成'就活'"，也指出了"就活"产生的背景：随着日本经济的长期不景气，单位招工人数减少，招工要求出现多样化趋势，就职活动本身增加了严峻性，并分析说"为了冲破窘境，'就活'的命名，显露出求职人精神抖擞的精神面貌。"

2001年前后，大学生就职录取率降到史上最低水平，和人们所说的"就职冰河期"相吻合。记者也是在这个时期进行求职活动的人，能够亲身感到自2001年起"就活"开始被广泛使用。国语辞典最早采用的是2006年三省堂出版的《大辞林（第3版）》。

由杂志诞生的"婚活"

继"就活"之后，一般为人所知的是结婚活动的省略语"婚活"。它和自然而然诞生的"就活"不同，什么时候、谁最早使用的？一目了然。朝日新闻社出版的2007年11月5日的杂志《》最早出现了"如果想结婚、劝你搞婚活"。第二年（2008年）中央大学山田昌宏教授（家族社会学）和撰稿人白河桃子共著的《"婚活"时代》一书发行，"婚活"一词迅速推广普及。

山田教授还在该书中提议，"就职活动简称'就活'，那么结婚活动就叫做'结活'吧。不，不行，'结活'发音困难，叫做'婚活'怎么样？"此后，关于怀孕活动（妊娠）就叫做"妊活"，将如何进儿童保育院（保育所）的活动叫做"保活"，如何离婚的活动叫做"离活"等，和婚姻有关的事项就像瓜藤上的瓜，一个接一个地产生了。2011年出版的《现代用语基础知识》中这类词语增加十分显著。

下面是《大辞泉》（第2版、网络版）所收录的主要"○活"解释

	语源	解释
朝活	早上活动	上班前早上时间，进行学习或其他有趣活动。始于平成20年（2008）的流行语。
婚活	结婚活动	为找个理想的对象、有个幸福的婚姻而进行的各种活动。
转活	转职活动	模仿"就活"创造的词语。
妊活	妊娠活动	学习掌握妊娠知识、注重身心管理、制定生育计划。
离活	离婚活动	为了顺利离婚、调整离婚后生活环境所举行的活动。在调停离婚期间，掌握相关知识，确保离婚后住所、取得就职资格等。

（注）词语解释省略一部分。"妊活"由《大辞泉电子版》收录。

附录二 语言文化广场译文

第十五课

为 ""○活"" 赋予新意义 （2）

没有停留在省略词上

这里所举例的 "○活" 共同点都是人生大事，如就职（就活、ソ一活、转活）、婚姻（婚活、离活）、生育（妊活、保活）、老死（终活）等等。但是，活跃在周刊杂志或新语词典等上的 "○活" 不仅限于上述范围，最近还出现了 "美活" "寝活" "温活" 等，可以说到了胡诌乱造的地步。

关于这种状况，花园大学日语学家桥本行洋教授认为， "活" 成了构词要素，成了接尾词。"以前是以 "就职活动" "结婚活动" 为母体省略而生成的词语。现在没有了母体，发展成直接用 "○活" 来造新词语。典型的例子是， "保活" 并不是将 "育所入园活动" 作为母体省略而成的词语，它是没有经过母体这个阶段就直接产生的词语。

字典的语义变化

桥本教授判断说， "现在的 '活' 是努力的意思。" " '就活' '婚活' 意味着面向就职、结婚这个目的而举办的活动。比如说，原来的 '俱乐部活动' 的用法，不是 '面向俱乐部这个目的而举办的活动'，而是 '俱乐部举办的活动' 这个意思。不是直接的目的。这一点是不同的。" 为了某种目的积极进行活动也就是自我努力。在这一点上，由于仅仅用 "活" 一个字就可以完美地表达出来，所以在制造新词语时非常方便，用起来很随意。

关于 "活动" 一词的解释，《新明解国语辞典》（三省堂）第 4 版说得很简单， "做出符合其本身的动作或行为。" 可是，1997 年出版的第 5 版又添加了一项， "举行与目的（使命）相适应的积极行动或运动。" 将 "活动" 的意义新添加了 "为了某种目的" 之义，也许这样，就有了毫无抵抗地接受 "○活" 的基础。

业界设置高潮的侧面

就职与结婚是很典型的例子，其背景是社会形势和生活方式发生了变化自然而然地进行变得很困难，不努力就没有成就。努力支持和技术知识产生了商机。桥本教授指出， "○活" 这类词语的诞生， "和产业结合" 是必不可少的要素。

"婚活" 是结婚业， "终活" 是丧葬业， "美活" 则属于美容业…… "○活" 这类词语的流行和大商机联系紧密。因此，业界推行 "○活" 热潮是其形成的一大因素。关于 "○活" 这类词语的发展趋势，桥本教授预测， "目前只剩下 '就活'

和'婚活'。其他的现在只不过是流行词语，这种流行趋势是否能继续下去还不好说，也出现了流行得快、消失得快的现象。"

在进行调查的过程中，突然注意到一个词。就是"独活"。为了不独身，就要"婚活"，为了独身就应该"离活"。词典里正好就有"独活"的正解。"独活"不是"独善其身"，不是积极地孤身生活一辈子。它什么也不是，就是一种野菜，汉字写作"独活"，日语读做"udo ウド"。由"婚活"就联系到结婚的"○活"蓬勃发展，也许由于这个原因，人们就会错误地认为"独活"的"独"就是独身主义。

第十六课

今年的汉字

"今年的汉字"是日本汉字能力检定协会主办的活动，每年选出一个能代表日本当年时事的汉字（日语汉字）并向社会公布。"今年的汉字"活动开始于1995年（平成7年），每年12月12日为"汉字日"，公布"今年的汉字"。

财团法人日本汉字能力检定协会每年向日本全国公开征集能代表国内时事的一个汉字，从中选出得票最多的汉字。原则上于每年12月12日"汉字日"的下午，在京都府京都市东山区的清水寺公布。当选的汉字被称作"今年的汉字"。各媒体亦称为"今年的汉字"。

公布的时候，在清水寺后院舞台，担任日本汉字能力检定协会理事的森清范贯主（主持）挥毫将汉字写在巨大的和纸上。12月12日以后的整个月在清水寺本堂向民众公开，然后奉纳给本尊千手观世音菩萨。"今年的汉字"和第一生命保险（公司）主办的薪水阶层川柳、住友生命保险（公司）主办的创作四字成语、自由国民社主办的新语·流行语大奖赛、东洋大学主办的现代学生百人一首等，共同成为反映日本社会世相的风向标。

2009年发生了"汉检协会事件"，该协会理事长和他儿子副理事长辞职，后被逮捕，森贯主也辞去协理事，"今年的汉字"的计划似乎要泡汤了。但是，新的班子上台，使局势缓和，当年仍和往年一样，由森贯主挥毫书写"今年的汉字"。

另外，近年来，在公布"今年的汉字"之前的12月上旬，一些新闻节目组或大型节目组等媒体办节目回顾当年的"十大新闻"兼猜想"今年的汉字"，对当年话题人物的艺术家或著名人士进行采访，让他们谈谈自己的"今年的汉字"。这些活动正逐渐成为惯例。另外，日本汉字能力检定协会已将"今年的汉字"注册为商标。

每年，森贯主不试笔直接写"今年的汉字"。当天清晨，汉检理事长手持封口

的茶色信封来到森贯主处。信封上写着"亲展"字样,信封里的纸是双层的,从外面根本看不出里面的东西。使用的毛笔笔穗不能太长,太长容易垂墨;又不能太短,太短沾墨不佳。为了使毛笔容易沾墨,在笔穗正中央加上牛耳毛。在熊野毛笔中,卷有羊毛也有硬毛。

日本的"今年的汉字"传到海外,在日本以外的汉字文化圈正在普及这个具有汉字特点的兴趣盎然的活动。

中华人民共和国从2006年起由国家语言资源观测研究中心附属的媒体语言分析中心发表引人注目的"今年的汉字"(汉语盘点、中国年度汉字)。当年的"今年的汉字"国内为"炒"、国外为"乱"。

新加坡于2011年由最大的华侨系统的新闻社联合早报主办,把能代表当年局势的一个汉字作为"新加坡年度汉字"发表。

马来西亚于从2011年开始,由马来西亚华侨系统的住民团体——马来西亚中华大会堂总会、马来西亚汉文化中心、马来西亚中国语新闻编辑者协会等共同主办,发表了代表当年局势的一个汉字,作为"马来西亚年度汉字"。

附录三　练习参考答案

第一课

一、

一方（いっぽう）	河川（かせん）	幸い（さいわ）
匹敵（ひってき）	穀物（こくもつ）	栄養士（えいようし）
水不足（みずぶそく）	増大（ぞうだい）	国連（こくれん）
予想（よそう）	需要（じゅよう）	淡水（たんすい）
死亡（しぼう）	塩分（えんぶん）	感覚（かんかく）

二、

1. アジツけ（味付）
2. ゲキカラ（激辛）
3. ワリアイが多い（割合）
4. 感覚はニブくなっている（鈍）
5. キュウカが取れない（休暇）
6. 飲料水がカクホされる（確保）
7. 3分の2にカクダイする（拡大）
8. 設備がオクれている（遅）
9. ダゲキを受けます（打撃）
10. 味をシキベツする（識別）

三、

問一	問二	問三	問四	問五	問六
④	④	①	②	②	④

四、

問一	問二
③	①

五、

問一	問二
②	③

第二课

一、

氾濫（はんらん）	葛藤（かっとう）	信憑（しんぴょう）
芽生え（めば）	無重力（むじゅうりょく）	設備（せつび）

情報（じょうほう）　　　消化（しょうか）　　　不都合（ふつごう）
傾向（けいこう）　　　　肺癌（はいがん）　　　努力（どりょく）

二、

1. 身体がフトってきた（太）　　2. 喫煙の害をチュウワする（中和）
3. 作物をサイバイする（栽培）　4. 電気をタめる（貯）
5. 将来をミすえる（見据）　　　6. 選択的セッショク（接触）
7. 情報のコウズイ（洪水）　　　8. 自分の立場とムジュンする（矛盾）
9. フカイな状態（不快）　　　　10. ジッケンが行われる（実験）

三、

| 問一 | 問二 | 問三 | 問四 | 問五 |
| ② | ① | ④ | ③ | ② |

四、

| 問一 | 問二 |
| ③ | ④ |

五、

| 問一 |
| ③ |

第三课

一、

居眠り（いねむ）　　　昼寝（ひるね）　　　　悪徳（あくとく）
拘束（こうそく）　　　破廉恥（はれんち）　　匿名（とくめい）
答え（こた）　　　　　幼児（ようじ）　　　　学齢（がくれい）
自宅（じたく）　　　　職場（しょくば）　　　睡眠（すいみん）
無理（むり）　　　　　休憩（きゅうけい）　　懸念（けねん）

二、

1. ヨウニンされない（容認）　　2. 自然の原理をケイシする（軽視）
3. タビサキでの解放感（旅先）　4. ユウワクに抵抗できない（誘惑）
5. 平凡なマドリ（間取）　　　　6. 気のユルみ（緩）
7. ハンダンの誤り（判断）　　　8. ノウリツの低下（能率）
9. シンコクな問題（深刻）　　　10. ハレンチなこと（破廉恥）
11. オオゼイの人（大勢）　　　　12. クラシ方（暮）

三、

問一	問二	問三	問四	問五	問六	問七	問八	問九	問十
①	②	②	①	①	③	②	③	④	③

四、

問一
③

五、

問一	問二	問三
②	①	④

 第四课

一、

遠慮（えんりょ）　　食器（しょっき）　　頭痛（ずつう）
左手（ひだりて）　　薬品（やくひん）　　外科（げか）
訪問（ほうもん）　　場合（ばあい）　　　姿勢（しせい）
右手（みぎて）　　　袋（ふくろ）　　　　薬局（やっきょく）
保険（ほけん）　　　看護師（かんごし）　祖母（そぼ）

二、

1. 背すじをノばす（伸）　　2. 箸をツきサす（突　刺）
3. 音をタてる（立）　　　　4. 薬をハンバイする（販売）
5. ヒョウバンの高い病院（評判）　6. 患者をミオろす（見下）
7. タタミの部屋（畳）　　　8. ショウヒゼイがかかる（消費税）
9. 時間をマチガえる（間違）　10. カイゼンの必要がある（改善）

三、

問一	問二	問三	問四	問五	問六
②①④	③①③④	④	①	①	①

四、

問一	問二
②	③

五、

問一	問二
②	④

附录三　练习参考答案

第五课

一、

違和感（いわかん）　　　巡礼（じゅんれい）　　　牽制（けんせい）
束縛（そくばく）　　　　平気（へいき）　　　　　行進（こうしん）
頂上（ちょうじょう）　　盲人（もうじん）　　　　未熟（みじゅく）
能率（のうりつ）　　　　失職（しっしょく）　　　報酬（ほうしゅう）
雨宿り（あまやど）　　　帽子（ぼうし）　　　　　関係（かんけい）

二、

1. 頂上をキワめる（究）　　　　　　2. 楽しみをサマタげる（妨）
3. ゲンジツの山（現実）　　　　　　4. イチリツに決めなければならない（一律）
5. 職場のドウリョウ（同僚）　　　　6. 社長にタノみこまれる（頼）
7. タイセイを作り変える（体制）　　8. 雨が降りヤむ（止）
9. 集団ミアイ（見合）　　　　　　　10. ケイカクを立てる（計画）

三、

問一	問二	問三	問四	問五	問六	問七	問八	問九	問十
③	②	③	①	①	③	④	②	③	②

四、

問一	問二	問三
①	④	②

五、

問一	問二
③	④

第六课

一、

回答（かいとう）　　　　交渉（こうしょう）　　　対象（たいしょう）
反応（はんのう）　　　　技術（ぎじゅつ）　　　　根強い（ねづよ）
滞在（たいざい）　　　　体験（たいけん）　　　　食欲（しょくよく）
親掛かり（おやが）　　　堅実（けんじつ）　　　　栄華（えいか）

二、

1. キョウツウの答え（共通）　　　　2. 公害問題のショリ（処理）

日语泛读2

3. マンゾクに取れる（満足）　　4. 自然にイゾンする（依存）
5. 能力をウワマワる（上回）　　6. 汚水のスイジュン（水準）
7. ジョウケンとして（条件）　　8. ゴウカな食事（豪華）
9. 経済的にマズしい（貧）　　　10. 高シュウニュウの専門職（収入）

三、

問一	問二	問三	問四	問五	問六	問七	問八	問九	問十
④	②	③	①	③	②	④	①	④	②

四、

問一	問二
④	④

五、

問一
①

第七课

一、

間近（まぢか）　　云々（うんぬん）　　忘恩（ぼうおん）
所業（しょぎょう）　紛争（ふんそう）　　妥協（だきょう）
障害（しょうがい）　重荷（おもに）　　　神聖（しんせい）
尺度（しゃくど）　　尊厳（そんげん）　　図形（ずけい）

二、

1. トウトツな感じ（唐突）　　2. 世界のナンモン（難問）
3. 文化のヤッカイ（厄介）　　4. 言葉のホンヤク（翻訳）
5. ジンルイの生き方（人類）　6. ホウシンを変える（方針）
7. 生産活動がキョダイカする（巨大化）

三、

問一	問二	問三	問四	問五	問六	問七	問八	問九	問十
③	③	③	③	①	②	④	①	③	③

四、

問一
①

五、

問一
①

附录三　练习参考答案

第八课

一、

伝達（でんたつ）	働き（はたら）	実感（じっかん）
抽象（ちゅうしょう）	法則（ほうそく）	道筋（みちすじ）
認識（にんしき）	友情（ゆうじょう）	複雑（ふくざつ）
看板（かんばん）	大食漢（たいしょくかん）	

二、

1. グタイテキな事物（具体的）　　2. ジユウに使う（自由）
3. 言葉をオボえる（覚）　　4. トクチョウ的な部分（特長）
5. 性質をセツメイする（説明）　　6. 表現のイミ（意味）
7. マチガいがある（間違）　　8. おカンジョウお願いします（勘定）

三、

問一	問二	問三	問四	問五	問六	問七	問八	問九	問十
③	①	①	③	④	①	③	②	④	④

四、

問一
③

五、

問一	問二
①	④

第九课

一、

慣習（かんしゅう）	適齢（てきれい）	価値観（かちかん）
悪妻（あくさい）	謙虚（けんきょ）	反省（はんせい）
言葉遣い（ことばづかい）	行為（こうい）	忠実（ちゅうじつ）
感嘆符（かんたんふ）	気付く（きづ）	哲学者（てつがくしゃ）

二、

1. 家事にセンネンする（専念）　　2. ヨギなくされる（余儀）
3. アンに反対する（暗）　　4. ニョジツに反映する（如実）
5. コテイ観念（固定）　　6. モジの印象（文字）

7. ゾクゾクとして従う（続々）

三、

問一	問二	問三	問四	問五	問六	問七	問八	問九	問十
②	④	②	②	③	①	②	①	④	③

四、

問一	問二
③	②

五、

問一
①

第十课

一、

礼節（れいせつ）　　教養（きょうよう）　　証拠（しょうこ）

読者（どくしゃ）　　結構（けっこう）　　一度（いちど）

悪文（あくぶん）　　末世（まっせ）　　相手（あいて）

難解（なんかい）　　鈍感（どんかん）　　文句（もんく）

二、

1. ガクリョクを備える（学力）　　2. ソウダンに乗る（相談）

3. ソンケイする（尊敬）　　4. ニクシン（肉親）

5.6 ビカされる（美化）　　6. ツイオク（追憶）

7. コウコウを出る（高校）　　8. スシヤになる（寿司屋）

三、

問一					問二	問三	問四	問五	問六
[A]④	[B]①	[C]④	[D]④	[E]①	③	①	③	②	②

四、

問一	問二	問三
②	③	①

五、

問一	問二	問三
②	①	②

第十一课

一、

選挙（せんきょ）　　応援者（おうえんしゃ）　　記者（きしゃ）

違反（いはん）　　　賄賂（わいろ）　　　事務所（じむしょ）
歳月（さいげつ）　　亭主（ていしゅ）　　駄賃（だちん）
当事者（とうじしゃ）　内心（ないしん）　　挨拶（あいさつ）

二、

1. 不当にアツカウ（扱う）　　2. ケイヒがかかる（経費）
3. ヒョウカする（評価）　　　4. ハツコイの相手（初恋）
5. ウスギになる（薄着）　　　6. シセンを注ぐ（視線）
7. オモカゲが浮かぶ（面影）　8. ワダイは豊富である（話題）

三、

問一	問二	問三	問四
①	③	②	④

四、

問一	問二	問三
②	④	③

五、

問一
②

第十二课

一、

独断（どくだん）　　親戚（しんせき）　　大騒ぎ（おおさわぎ）
贅沢（ぜいたく）　　独身（どくしん）　　残念（ざんねん）
発表（はっぴょう）　調子（ちょうし）　　失望（しつぼう）
瞬間（しゅんかん）　米櫃（こめびつ）　　結局（けっきょく）

二、

1. オヤモトを離れる（親元）　2. タイボウ生活（耐乏）
3. ヒッコシをする（引越）　　4. シケンを受ける（試験）
5. フカクであった（不覚）　　6. タンチョウな趣味（単調）
7. フビンな奴（不憫）　　　　8. イッショウケンメイ（一生懸命）

三、

問一	問二	問三	問四	問五	問六	問七	問八	問九	問十
②	②	①	①	①	④	①	③	②	③

四、

問一	問二	問三	問四	問五	問六	問七	問八
④	①	②	④	②	①	③	③

五、

問一	問二
③	②

 第十三课

一、

慎重（しんちょう）　　横町（よこまち）　　衝突（しょうとつ）
怪我（けが）　　　　　早速（さっそく）　　人垣（ひとがき）
罰金（ばっきん）　　　心情（しんじょう）　　論争（ろんそう）
正義（せいぎ）　　　　態度（たいど）　　　　理屈（りくつ）

二、

1. ハンダンを下す（判断）　　2. ケッテイを下す（決定）
3. 事情のジョウキョウ（状況）　4. 法のカンネン（観念）
5. ジンケンを守る（人権）　　6. 自らのチョウショ（長所）
7. ドクセイを指摘する（毒性）　8. ギョウセイシドウ（行政指導）

三、

問一	問二	問三	問四
②	④	②	①

四、

問一	問二	問三
①	③	④

五、

問一	問二
③	④

 第十四课

一、

気候（きこう）　　　条件（じょうけん）　　見解（けんかい）
背景（はいけい）　　情報（じょうほう）　　本音（ほんね）
正直（しょうじき）　勇気（ゆうき）　　　　見直す（みなおす）
翻訳（ほんやく）　　反射（はんしゃ）　　　特徴（とくちょう）

二、

1. 試験のフクシュウ（復習）　　2. 社会ジョウセイ（情勢）

3. 親からヒナンされる（非難） 4. ヤクワリを果たす（役割）
5. コセイをあらわす（個性） 6. 席をユズる（譲）
7. 自然のメグみ（恵） 8. ワクに嵌める（枠）

三、

問一	問二	問三	問四
④	④	②	④

四、

問一	問二	問三
③	②	④

五、

問一
③

第十五课

一、

渇望（かつすい）　　永遠（えいえん）　　飢餓感（きがかん）
性質（せいしつ）　　相対（そうたい）　　受動（じゅどう）
荒廃期（こうはいき）　行為（こうい）　　品物（しなもの）
家具（かぐ）　　　　当然（とうぜん）　　戦後（せんご）

二、

1. 人間のヨクボウ（欲望） 2. 人間のイブクロ（胃袋）
3. キミョウな感じ（奇妙） 4. カチを減らす（価値）
5. 自然なスイボウ（衰亡） 6. ミッセツに関連する（密接）
7. ヤジュウの集まり（野獣） 8. カキネをつくる（垣根）
9. ゾウケイの歴史（造形） 10. 災害をマネく（招）

三、

問一	問二	問三	問四	問五	問六	問七	問八	問九	問十
①	②	①	③	①	②	①	③	③	④

四、

問一	問二	問三	問四
③	③	①	②

五、

問一	問二	問三
④	③	①

第十六课

一、

認識（にんしき）　　地表（じめん）　　波長（はちょう）
電磁波（でんじは）　網膜（もうまく）　細胞（さいぼう）
慧眼（けいげん）　　想像力（そうぞうりょく）　疑問（ぎもん）
根拠（こんきょ）　　書斎（しょさい）　恐妻家（きょうさいか）

二、

1. バンユウインリョク（万有引力）　2. カッテなもの（勝手）
3. メイアンの識別（明暗）　　　　　4. ケツボウショウ（欠乏症）
5. アダナ（仇名）　　　　　　　　　6. コウフクシャになれる（幸福者）
7. 命をウバう（奪）　　　　　　　　8. カイテキな季節（快適）

三、

問一	問二	問三	問四	問五	問六	問七	問八	問九	問十
③	②	④	④	③	②	①	②	④	①

四、

問一	問二	問三
③	④	②

五、

問一	問二
①	①